AF599496

Une vie de compromis

Ivan Jacquin

Une vie de compromis

Roman

LE LYS BLEU
ÉDITIONS

ISBN : 979-10-422-0915-5

Chapitre I
Changement

En se levant ce matin-là, il sut que quelque chose avait changé. Ne prenant pas la peine de manger un morceau ni de boire un café, il se dirigea vers la salle d'eau et ferma la porte à clé. Il alluma le petit radiateur soufflant et retira ses habits de nuit, boxer et T-shirt.

Il se plaça devant le miroir et observa le reflet d'un homme qu'il ne reconnut pas. Non pas qu'il eût abusé la veille d'un trop-plein de nourriture ou d'alcool, la soirée avait été calme et sans excès, mais les traits de ce visage fade et inexpressif ne ressemblaient pas à ceux qu'il avait entraperçus hier soir dans ce même miroir en allant se coucher.

Les cheveux ébouriffés et fournis semblaient avoir changé de teinte, plus sombre, plus opaque, les yeux n'avaient plus l'expression de vie qu'il avait encore remarquée en éteignant la lumière de la pièce, les quelques rides aux commissures des lèvres semblaient disproportionnées par rapport à ce qu'elles étaient habituellement, et sa peau gardait un effet terne et un affaissement qu'il n'avait jamais remarqué avant. Était-il en train de rêver, de somnoler ? Pensait-il qu'il se tenait réellement à cette place alors qu'il était encore au chaud dans son lit ?

Il s'approcha de cette glace maudite, ouvrit grand la bouche, tira une langue courte et rosâtre, émit un son grave, continu et guttural, comme pour vérifier qu'il était encore capable de produire des bruits avec son corps. Il s'éloigna un peu et observa cet homme de haut en bas, s'attarda sur quelques endroits en les palpant, comme pour réaliser qu'il s'agissait bien de lui ; ses avant-bras, son torse peu velu, son abdomen dont la rondeur paraissait s'accentuer de minute en minute. Il se retourna pour vérifier les deux joues étrangement séparées d'une petite ligne droite, sans réel attrait ni sens. Les cuisses étaient longues et maigres, quelques poils clairs les couvraient comme un duvet depuis longtemps épuisé et les pieds lui semblèrent démesurés, les orteils s'accrochant au tapis de bain crème et écorché.

Il posa le regard sur la chose qui pendait au bas de son ventre, à peine cachée par une toison clairsemée d'un brun délavé. Il ne reconnaissait pas non plus cette protubérance qui n'avait de sens qu'avec la fonction d'expulser de l'urine. Était-ce la même chose qui lui procurait autant de plaisir lors de ses frottements avec Maddy ? Était-ce le même attribut qu'il laissait fureter à divers endroits du corps de sa compagne, avec lequel elle avait l'habitude de jouer avec entrain ?

Il ne fit aucune grimace comme cela lui arrivait parfois et resta immobile à scruter le visage sans vie et ce corps plus tout à fait jeune et laissant apparaître de plus en plus de défauts. Quelques minutes après, il lui lança :

« Allez, on arrête tout ça ? On arrête de se voiler la face ? Tu crèves l'abcès et tu vis enfin ! Deviens enfin vrai, deviens enfin toi ! »

Il prit une douche rapide et déclama à nouveau à ce reflet qu'il commençait à haïr :

« Tant d'années à te frustrer, tant d'années à t'occuper de ce que les autres pensent de toi, tant de moments de vie à ne pas agir ni penser comme tu le veux, comme tu le dois, tant de temps à ne jamais t'investir pour toi-même, ou alors seulement en dernier lieu et après les autres, tant d'occasions manquées de plaisir, de projets, de rencontres par manque de courage, d'envie ou même de force morale… Ça suffit ! Aujourd'hui, tout cela s'arrête ! Tu débutes un nouveau chapitre, non… un nouveau tome de ta propre histoire, car elle t'appartient. Fais enfin ce que tu veux de ton temps, peu importe que cela plaise ou non. Assez de leurs regards, de leur appréciation, de leur jugement ou de leur goût. Assez de se forcer à l'appréciation morale et bien-pensante et aux humeurs des autres, tout cela s'arrête maintenant ! »

Il eut peine à reconnaître cette voix, il se crut alors possédé par une entité immatérielle, qui aurait pris le contrôle de son esprit, de ses sens, de son éveil… Peut-être gardait-il une pathologie à tendance bipolaire, voire schizophrène, dormant tranquillement en lui jusqu'à surgir aujourd'hui, de lancinante à puissante et volontaire. Il prit peur en pensant à cet état qui pouvait remettre en question tout ce qui faisait de lui ce qu'il pensait être, jusqu'à cet instant présent. Vertige existentiel, remise en question de soi, annihilation de son propre caractère, de son mental, de ses vérités personnelles.

Il pensa à Maddy qui dormait encore dans le lit qu'il venait de quitter, il réalisa qu'en rentrant ce soir, elle ne le reconnaîtrait peut-être pas, si cette chose en lui restait en constance, présente et active. Dans son esprit, un changement était enclenché. Non pas physiquement comme dans *La métamorphose* de Kafka ou *Je suis d'ailleurs* de Lovecraft, mais dans son caractère et sa façon d'agir, de parler et de penser.

Cependant, à suivre cette nouvelle philosophie de vie, il se devait de ne pas jouer à l'égoïste, il désirait seulement faire ce dont il avait envie sur le moment, un désir qui le hantait soudain, à assouvir de la plus normale des façons. Pas n'importe comment non plus, ni au détriment de son bien-être avec les personnes qu'il aimait, ni d'une manière anarchique, mais l'assouvir de toute façon, pour sa survie nouvelle, pour sa deuxième naissance.

Comme exemple du renouveau qui s'opérait, à la vue de son membre se levant un peu grâce à une image qui se formait devant lui, il aurait pu sortir de la pièce et entrer dans la chambre, se glisser à nouveau sous les draps tout contre la chaleur de Maddy, relever la nuisette légère, retirer sans honte la fine culotte, et se servir de l'érection intense qu'il vivait à présent pour la prendre délicatement dans son sommeil.

Il sentait une envie irrésistible d'assouvir ce besoin primaire mais ne plus se mettre de barrière ne signifiait pas spécialement être mauvais, ni pervers, ni irrespectueux envers quiconque, qui plus est, la personne qu'on aime le plus.

Il rangea donc son excitation dans son jean à contrecœur, prit une chemise légère et se lava les dents, se peigna à peine, quelques pressions de déodorant sans odeur sous les aisselles et d'eau de toilette subtile dans le cou et descendit les escaliers sans un bruit. Il se sentait enfin lui-même, régénéré, prêt à affronter le monde extérieur et plus personne ne contrerait ses envies et ses desseins, peu importe les répercussions. Tout en démarrant sa voiture, il repensa à un de ses collègues qui l'avait emmerdé la veille et se promit de réagir différemment aujourd'hui, car il était devenu, depuis une heure seulement, un autre homme, enfin, irrémédiablement.

***

En entrant par le hall lumineux et vitré, il lança au gardien de l'accueil : « Hey man, how are you doing ? » Il s'esclaffa en imaginant les yeux incrédules de l'autre qu'il n'avait même pas pris le temps de regarder. Il avait toujours eu envie de balancer ça en arrivant le matin, à cette personne qui exécutait son travail à demi-conscience, sans effort, sans pensée, sans lumière dans le regard. Il se sentit heureux de l'avoir enfin fait au moins une fois.

Avant d'atteindre l'open-space et son affolante longueur infinie, il croisa Valérie, qu'il trouva encore plus séduisante que d'habitude. Elle lui fit un petit bonjour avec une bise légère comme toujours et reprit son chemin. Il se retourna sur ses petites fesses mouvantes et les imagina sans ce pantalon en toile beige très serré. Il exulta son ravissement sans s'en rendre compte, mais elle avait déjà pris l'escalier en face. Les jours précédents, il se serait offusqué lui-même de cette attitude un peu machiste et presque indécente, et se serait réprimandé en son for intérieur. Aujourd'hui, il se sentait comme un homme normal, avec ses pulsions intimes et son instinct primaire de chasseur, appréciant les formes de cette belle femme. Aucune humanité ni raison, juste un désir d'être bien, heureux et à l'aise avec ses sensations les plus profondes et si souvent réprimées.

La journée se passa sans anicroche particulière, les boxes de l'open-space ne ronronnaient pas moins que d'habitude, les blagues de mauvais goût fusaient toujours avec autant de bêtise, et les salles de réunion ne désemplissaient pas, avalant et recrachant des employés toutes les demi-heures ou toutes les heures, tous avec ordinateur portable sous le bras, une régularité impressionnante dans l'intention, presque robotique.

Mais Byron ressentait un changement, imperceptible, suspect, subtil, était-ce à nouveau de son fait ou au-dehors ? Les visages ne changeaient pourtant pas d'expression, les gestes restaient les mêmes, les paroles toujours aussi techniques par-ci, commerciales par-là, les allées, les bureaux et les boxes n'avaient subi aucune modification depuis la semaine précédente. Alors se pouvait-il que ce changement, cette variation de tempérament ne provînt que de lui-même ? Ou s'en convainquait-il seulement ?

Sensation mitigée, aussi agréable que dérangeante, comme si le monde ouvrait ses portes sur un vide inconnu à l'envi mais où la ou les conséquences d'une telle liberté engendreraient certainement un point de non-retour. S'il s'engageait sur cette voie brumeuse si tentante, il savait qu'il n'en reviendrait que transformé, à jamais.

Le soir même, il rentra dans son appartement du centre, retrouva Maddy et Nathan, le fils de celle-ci, devenu pré-ado, flasque et incontrôlable, se comportant comme des millions de jeunes du même âge dans le monde entier à savoir, passant ses soirées et ses week-ends à jouer aux consoles vidéo, à surfer sur les réseaux sociaux, à écouter de la musique dénaturée, antisociale et violente, d'une bêtise affligeante par les textes et les attitudes et jouant avec les nerfs de tous ses proches adultes. Byron pensait qu'il ne supporterait pas une nouvelle preuve de paresse de ce gosse, ni une énième réflexion désobligeante envers sa mère ou sa propre vie tellement malheureuse de jeune collégien perturbé, sans but, si mal aimé. Bien heureusement, ce soir-là, il se tint tranquille, correct et particulièrement silencieux.

Que lui arrivait-il alors ? Cet artefact en plus, presque surnaturel, avait soudain envahi une partie de son être profond et se faisait à nouveau sentir, désirant sortir un peu plus chaque heure passée, comme si rien d'autre n'avait plus d'importance que la vérité des paroles et des actes, au nom d'un sacro-saint bonheur idéal. Devenait-il fou ? Comme si un soubresaut de conscience resté tapi dans les limbes de son esprit depuis tant d'années l'abordait enfin et lui insufflait une nouvelle façon d'agir, de penser… de vivre.

***

Quelques jours plus tard, il demanda à Maddy si elle désirait partir en vacances. Elle répondit qu'elle serait d'accord dans l'absolu, si elle n'avait pas toutes ces choses à faire qui l'obligeaient à repousser cette proposition.

— Pourquoi dans l'absolu ? dit-il. Tu as envie de vacances ou non ?

— Oui, bien sûr, mais pour le moment c'est impossible.

— Et pourquoi ?

— Enfin, chéri, je ne peux pas prendre des jours de congés à l'improviste, Nathan est en pleine année scolaire et je ne veux pas le laisser se débrouiller seul plusieurs jours de suite.

— Tu le laisses à son père, ce n'est pas un problème.

— Non, je dois continuer à…

— Ok, tu n'as donc pas envie de vacances.

La discussion s'acheva ainsi, lorsqu'il se leva pour aller travailler dans son petit bureau, laissant Maddy sans voix, laquelle suivit son homme des yeux sans vraiment le reconnaître.

Un jour comme un autre, devant son ordinateur, il préparait quelques devis pour deux gros clients de sa boîte. Byron aimait bien cet emploi de technico-commercial, son salaire était convenable et les relations qu'il entretenait avec la plupart de ses clients étaient plus que confortables et respectueuses. Il s'occupait de la vente d'une grosse partie des logiciels d'entreprise pour l'automobile et le transport ferroviaire, et son secteur couvrait largement tout l'ouest de l'Europe, jusqu'en Autriche, Scandinavie inclus. Conscient du poste-clé qu'il détenait et de la responsabilité qui lui incombait, il se devait de rester concentré et sérieux, du moins lorsqu'il était à son poste.

Mais un après-midi, Amaury, son collègue et voisin de droite, se comporta à nouveau de façon déraisonnée avec un fournisseur au téléphone. Cela lui arrivait fréquemment, leur chef de service Benjamin l'ayant déjà rappelé à l'ordre mais sans grande conviction et surtout sans résultat. Ce blanc-bec de trente ans à peine prenait toujours les gens de haut, rabaissait les employés plus bas que lui dans la hiérarchie, s'énervait toujours pour un rien, en parlant toujours plus fort pour que tout le monde autour de lui pense qu'il était bien le seul à faire son travail correctement avec ordre et intelligence, il était en tout cas persuadé de sa propre importance.

Byron, n'ayant encore rien dit ouvertement depuis deux ans qu'il supportait tant bien que mal ces accès puérils et perturbateurs, se leva promptement, lui prit le téléphone des mains et raccrocha avec un bruit de plastique tonitruant.

« Hé ! Tu n'es pas un peu malade, non ? » sursauta Amaury, devenu blafard par cet affront imprévu.

— Écoute-moi bien, toi ! C'est maintenant fini, tes sauts d'humeurs, finis tes éclats de voix, pour montrer que Môssieur Amaury travaille, lui, qu'il est consciencieux, lui, et qu'il ne se laisse pas faire par les fournisseurs, lui… Tu fais chier tout le monde ici, personne n'a jamais osé te le dire tout autour, on se demande bien pourquoi. Alors tu vas fermer ta grande gueule, faire ton boulot en silence comme nous tous et surtout dans le respect de tes collègues. Maintenant, ce sera comme ça ! Deux ans que je la ferme, que je ronge mon frein, maintenant ça suffit, arrête d'emmerder le monde !

Amaury n'eut même pas de répartie, il se rassit penaud, translucide et les mains tremblantes, entre surprise et colère, se demandant s'il allait pleurer ou décocher une droite sur le visage de Byron, puis se mit à lire nerveusement ses mails, comme si rien ne venait de se passer. Byron se rassit, souriant et satisfait, sous l'œil surpris de son chef de service un peu plus loin, attiré par les éclats de voix si rares de Byron. Océane, leur collègue voisine d'Amaury qui se tenait à quelques mètres dans le dos de Byron, et avec laquelle celui-ci s'entendait très bien, lui lança un sourire approbateur.

Le reste de la journée se passa dans un calme peu habituel, sans aucun autre élément perturbateur, jusqu'à la prochaine poussée de colère, jusqu'au prochain éclat d'un collègue mal luné ou constipé. Océane, comme souvent, retrouva Byron au point détente. Elle était un petit bout de femme lumineuse, les cheveux bruns coupés courts, toujours habillée de façon sexy, mini-jupe ou robe courte et bas noirs, montée sur escarpins de très bon goût mettant en valeur des petits mollets élancés. Parfois, elle portait des vêtements plus habillés mais toujours moulants. Son attitude n'avait pourtant rien pour provoquer, elle se montrait très gentille avec les hommes mais ferme, histoire de montrer à ces chers mâles qu'elle voulait bien se laisser regarder mais sans aucune équivoque.

— J'ai adoré ton intervention si spontanée, dit-elle, le nez dans son café.

— Oui, il fallait bien que cela arrive un jour. Les gens insupportables doivent apprendre à vivre en société, c'est juste dommage que ce soit à moi de mettre les points sur les « i », étant le dernier arrivé dans le bureau, et que notre chef, si peu autoritaire, est déjà prévenu et sait très bien ce qui se passe.

— Oh, tu sais, on le connaît Amaury, il n'est pas méchant…

— Non, mais ce n'est pas la question. Il gonfle tout le monde, il nous empêche de nous concentrer sur notre travail et personne ne lui dit jamais rien… Vous avez peur de quoi ? Qu'il pète un plomb là au milieu, qu'il insulte tout le monde, qu'il casse son PC, ou même qu'il tape quelqu'un ? Ce ne serait pas un mal. Il a intérêt à vite se calmer, cela fait trop longtemps que je supporte ça. Les choses seront différentes maintenant. Je ne suis pas payé pour supporter ces attitudes puériles, l'impunité, c'est terminé.

***

Le soir même, alors qu'il lisait dans son lit un texte d'Apollinaire, « Le passant de Prague », Maddy entra dans la chambre et partit se démaquiller dans la petite salle d'eau attenante. Elle chantonnait très doucement, ce qui sortit Byron de son livre en jetant un œil de côté. Elle se « cotonnait » le visage et s'appliquait à ne pas se mettre de lait dans les yeux. Elle portait un T-shirt mauve et une petite culotte blanche dentelée sur les bords, le bas de son dos se cambrait à force de se tenir sur la pointe des pieds.

Il la trouva soudain très désirable ainsi et se leva pour se poster devant la porte, les bras croisés. Maddy fit une pause et regarda son homme torse nu et pantalon de toile souple la dévisager, un sourire coquin sur le visage.

— Que se passe-t-il ? fit-elle d'une voix haut perchée.

— Je te mate…

— Mmh, je vois… Tu n'as pas honte ?

— Pas le moins du monde, je me régale de tes petites fesses suspendues, c'est magnifique.

— Tu es bien un mec, toi… Un bout de fesses et tu n'en peux plus… Allez, laisse-moi me démaquiller et file au lit. J'arrive bientôt.

Au lieu de lui obéir, il marcha jusqu'à elle et se posta derrière. Il posa ses mains sur les hanches fines, ce qui fit sursauter Maddy.

— Tu vas me faire faire une bêtise, rit-elle, tentant de contrôler sa lotion démaquillante qui avait débordé sur ses mains.

Ils se regardèrent dans le miroir et il l'embrassa tendrement sur la nuque. Elle accepta cette douceur et, sentant glisser sa culotte sur ses jambes jusqu'au sol, elle tenta de dire :

— Attends que j'aie fini, s'il te plaît, tu ne vas quand même pas me prendre au-dessus du lavabo ?

Mais elle sentit quelque chose de très dur tenter de s'introduire en elle, parcourant son intimité de haut en bas, et elle soupira, comme pour elle-même :

— Ah ben, si… Bon, n'attends pas alors…

Leur acte fut intense et court, Maddy manqua par deux fois de s'encadrer dans la glace, car ses mains glissaient sur l'émail du lavabo, au rythme des mouvements brusques de la bête derrière elle. Ils se couchèrent peu après, en s'embrassant encore. Maddy éteignit la lampe de chevet de son côté mais Byron semblait n'avoir aucunement l'intention de dormir. Ils se déshabillèrent totalement sous les reflets moirés de la petite veilleuse et passèrent une bonne heure l'un sur l'autre et l'un dans l'autre, comme deux jeunes amoureux pétris de fougue, prenant leur temps à explorer le corps de l'autre, avec délicatesse et engouement.

Maddy se surprit à penser qu'elle n'avait pas senti Byron aussi attentionné depuis des mois, leurs actes étant souvent bâclés et répétitifs, comme des millions et des millions de couples sur Terre, ayant tous succombé à cette horreur qu'on appelle la routine, la répétition ou l'habitude, annihilant le désir pour l'autre et éloignant peu à peu les corps entre eux. Elle se laissa faire et apprécia cette tendresse, puis cette intensité réconfortante, laissant échapper par trois fois sa jouissance un peu oubliée.

***

Durant les semaines suivantes, Maddy trouva son compagnon très affectueux et très investi dans la vie de son fils, il en était presque paternel. Il s'était toujours un peu mis à l'écart, la laissait l'éduquer, ne désirant pas interférer avec elle et son ex-mari, Pierre, le père de Nathan. Nathan lui avait demandé un soir de l'aide pour son anglais et Byron avait accepté. Depuis, une à deux fois par semaine, ils s'attelaient après le dîner à réviser le vocabulaire et la grammaire d'outre-Manche, langue natale de Byron par sa mère qu'il utilisait d'ailleurs quotidiennement avec ses clients européens.

Même sur d'autres points de leur vie, les choses s'étaient attendries, les cadeaux plus nombreux et sans occasion particulière, les petites attentions nombreuses et quelques soirées au restaurant avaient coloré quelque peu le train-train quotidien. Byron semblait différent, plus à l'aise avec toute chose, moins stressé que d'ordinaire, plus détaché parfois, moins réservé lorsqu'il s'agissait d'adresser la parole à des inconnus ou des personnes lointaines.

Maddy voulut plusieurs fois lui demander les raisons de cette profusion de bien-être et de sollicitude, mais elle pensa à un changement passager et bienvenu, dont elle ne voulait certainement pas accélérer la fin. Elle préféra se taire et profiter de cette nouvelle légèreté. Non pas qu'elle fût malheureuse habituellement, mais Byron était plutôt quelqu'un de très sérieux et de discret naturellement et portait en lui un stress permanent qu'il diffusait parfois tout autour sans s'en rendre vraiment compte. Alors cette absence de noirceur et ce sourire qu'il ne quittait plus pour elle et son fils la ravissaient au plus haut point. Elle était, hélas, très loin de se douter de la nature du profond changement qui s'opérait dans les profondeurs mentales de son compagnon.

***

Depuis quelque temps, Byron voyait des choses voler, planer autour de lui. Il ne s'en inquiétait que très peu car cela se passait par courtes périodes très espacées. Il mettait cela sur le compte du stress, de la fatigue et probablement de légères baisses de tension artérielle. Ces symptômes remontaient à loin, les manifestations avaient commencé vers ses seize ans, lorsqu'il en avait parlé à ses parents, sa mère l'avait tout de suite conduit chez des spécialistes, ophtalmologue, cardiologue, neurologue et même un psychiatre sans qu'aucun symptôme physique ou pathologique grave ne fût décelé et que ce qui restât à contrôler fut sa santé mentale.

Il avait vécu quelques semaines ainsi, accompagné de ses hôtes virtuels puis tout avait soudain disparu. Quelques réminiscences s'étaient invitées un peu avant qu'il ne rencontre Maddy, pendant une période assez compliquée et négative, enchaînant les petits boulots instables, les histoires amoureuses sans lendemain et supportant très douloureusement la perte brusque de ses parents, décédés à deux mois l'un de l'autre. Restées quelques semaines autour de sa tête, les choses volantes s'étaient à nouveau évanouies aussi subitement qu'elles se fussent installées.

Il ne pouvait les nommer précisément car elles ne constituaient pas des visions ni des hallucinations, juste des ombres rapides qui auraient survolé le haut de sa tête. Elles ressemblaient à des petits papiers très légers suspendus ou virevoltant autour de lui. Parfois se manifestaient des étincelles blanches, scintillant pendant quelques minutes, ou même des mini-oiseaux silencieux, semblant planer au ralenti.

Il ne désirait pas en parler à Maddy ni à personne d'autre, les manifestations revenaient sporadiquement, par moments espacés, et de plus en plus rarement. S'il s'avérait qu'elles fussent plus tenaces à l'avenir, il redemanderait certainement une série d'examens médicaux poussés, mais là n'était pas son occupation première. Il se devait de continuer à changer sa façon de vivre, sa façon d'être pour coller au plus près de ses aspirations de liberté, pour plus de sérénité et de bien-être poussés à l'extrême, évitant les contraintes et les divers compromis que la société impose à chaque instant à tout individu qui la compose, cette envie se manifestait comme profondément vitale, quitte à modifier ses relations aux autres et à se fâcher avec certains.

Il avait tenté de relire les classiques des auteurs beatniks cultes des années cinquante et soixante, désirant se plonger dans une idéologie de liberté à tout prix et de légèreté, *Sur la route* de Kerouac, les œuvres de Bukowski, plus récemment *Into the Wild* de Jon Krakauer, porté majestueusement au cinéma par Sean Penn, même *L'insoutenable légèreté de l'être* et *L'Immortalité* de Kundera et certains poètes presque oubliés. Il relut même pour la centième fois *La nausée* de Sartre et *L'étranger* de Camus, hélas délavés par des décennies d'une autre littérature, d'un autre monde moderne et d'un autre mode de vie. Non pas que ces romans devenus ses livres de chevet à l'adolescence ne lui plurent plus, mais l'écriture et la façon de penser de ces auteurs jadis adulés s'effaçaient petit à petit dans la résonance moderne et peut-être moins littéraire du vingt et unième siècle, pour le pire et le meilleur de notre avenir.

Alors un manque restait en lui à chaque fois qu'il tournait la dernière page de tel ou tel de ces ouvrages, comme si les auteurs parlaient tous de la même chose, et cessaient leur réflexion à un moment où Byron aurait voulu avoir une suite… Car c'était cette suite, cette continuité qui l'intéressait, il voulait aller plus loin que tous ces érudits, philosophes et aventuriers de l'esprit, il voulait plus que ces belles phrases et ces émotions torrides mais qui se révélaient assez faciles à atteindre finalement. Que lui faudrait-il donc pour dépasser cette limite que tous s'étaient donnée, par force ou par raison ?

Chapitre II
Le lâcher-prise

Byron était apprécié dans le service commercial au sein de son entreprise. Il s'occupait du bien-être de ses clients, de ses collègues et restait toujours respectueux de la hiérarchie, tenant son supérieur en grande estime, ce qui semblait d'ailleurs réciproque. Il détenait un humour « pince-sans-rire » qui pouvait troubler au départ, mais auquel on s'habituait, car exempt de méchanceté et très peu moqueur, ses plaisanteries étaient simplement placées sous le ciel de la taquinerie.

Depuis deux ans qu'il avait intégré cette grosse société, il avait enfin trouvé un environnement en accord avec ses aspirations. Il s'était acoquiné avec plusieurs collègues, avec lesquels il sortait parfois après le travail ou certains samedis soir. Il plaisait aussi aux femmes car outre un physique avantageux par une taille non négligeable, un visage aux traits fins et un corps sculpté par la course et la musculation, il restait toujours courtois, attentif et précieux, tranchant ainsi avec la majorité de ses collègues mâles, toujours un peu trop portés sur les voitures, le football et les propos sexistes, bêtes et ringards sans aucun raffinement.

Cela est scientifiquement prouvé, les hommes sont perpétuellement obsédés par le sexe, la faute à leur instinct primaire de chasseur, désirant à tout prix perpétuer la pérennité de leur rang, surtout en pensée, mais parfois en paroles, à coup de jugements et plaisanteries de mauvais goût, pensant à tort extorquer l'intérêt des femmes destinataires de ces efforts souvent très déplacés.

Byron ne semblait pas intéressé de plaire, rien dans son comportement ni ses propos ne laissait penser qu'il désirait telle ou telle femme extérieure à sa vie personnelle. C'étaient plutôt certaines collègues qui entamaient des plaisanteries coquines, du moins suggestives à son encontre pour le faire réagir. Bien sûr, il réagissait, mais toujours respectueusement et sans arrière-pensée, et souvent en retournant la flagornerie à son avantage, ou en utilisant la flatterie et le compliment bien placé.

Mais parfois, et de plus en plus, il lançait des blagues à quelques collègues, ne se prenait plus autant au sérieux, et allait jusqu'à faire des grimaces et des gestes étranges, ce qui provoquait des rires dans son entourage et de ce fait changeait les attitudes à son encontre ; le mec sérieux, posé et discret devenait petit à petit le trublion du bureau, le boute-en-train de service. Certains jours, il restait comme il avait toujours été, à d'autres moments, il devenait dissipé, presque bruyant et troublant un peu le travail des collègues alentour, sans pour autant égaler l'irrespect d'Amaury, ni de quelques autres alentour.

***

Un open-space ressemble à la vie en communauté, en société, avec ses routines, ses codes, ses nuisances et ses charmes, ses silences pesants, ou au contraire ses brouhahas dérangeants que certains prenaient un malin plaisir à attiser, dont ce fameux collègue sans filtre, qui monopolisait l'espace autour de lui et le spectre sonore de quelques mètres carrés. Proche d'une pathologie mentale dérangée sévère, cet hystérique se complaisait à rester une éternité au téléphone avec ses correspondants et à décortiquer les mails auxquels ils avaient déjà clairement répondu. Cela durait tellement longtemps qu'on aurait pu penser qu'il prenait son pied à répéter cinquante fois les mêmes phrases et expressions, le ton sans cesse augmentant, comme pour se rassurer lui-même qu'il avait tout compris et surtout pour rabaisser son interlocuteur.

Byron collait son casque audio sur les oreilles lorsque ce comportement l'insupportait et parfois plaçait des bouchons dans ses conduits auditifs, protections habituellement destinées aux trajets à l'intérieur de la chaîne de production. Cet après-midi-là, alors que Byron n'arrivait pas à boucler une transaction avec un client de mauvaise foi, il tenta de le joindre par téléphone. On eût dit que son voisin devenu nocif fit exprès de passer le même moment à fustiger des collègues du service informatique, basés en Inde, dans un anglais plus qu'approximatif, répétant trois fois chaque mot et bafouillant à n'en plus finir, semblant vouloir empêcher l'interlocuteur de commencer et finir ses phrases, à coup de : « yeah yeah, but… » ou encore « My question is… » en répétant à chaque fois le nom de la personne ou encore « I have a question… » ou « Pawan, pawan, listen, Pawan, Let me speak, Pawan, listen to me, Pawan, Pawan, Pawan !!!… »

Le ton de sa voix s'élevait à mesure qu'il parlait et le volume sonore augmenta tant que Byron ne put plus entendre un seul mot de son propre client à l'autre bout du fil. Alors il tapa un gros coup avec le poing fermé sur le bureau et, tout en coupant le son de son micro-casque, s'adressa fortement à Amaury :

— Bordel, tu ne peux pas parler moins fort ? Tu n'es pas tout seul ici !

Amaury le regarda à peine de ses yeux fixes et sans expression et continua son manège à peine moins fort. Lorsqu'il eut raccroché, Byron se dressa en furie, hurla la même phrase dans l'oreille de son collègue toujours en ligne, en faisant exprès de répéter sur un ton hystérique : « Pawan, Pawan, Pawan, Pawan !!! ».

Il passa devant le bureau de son manager et lança : « Un de ces jours, ça va très mal finir avec cet abruti, il va se prendre un pain dans la tête, ou il sera forcé d'avaler son casque en entier, personne ne le verra venir et il fermera enfin sa gueule ! » Et il sortit prendre l'air.

Il marcha seul le long des allées de l'usine et se planta devant un coin pour fumeurs, conçu comme un abri de bus rallongé. Ancien fumeur depuis quelques années déjà, il eut une montée d'odeur de cigarette et voulut en goûter une. Il en demanda une à un collègue posté comme un garde de Buckingham Palace qui l'alluma sans broncher. Des souvenirs lui revinrent instantanément, et bien qu'il n'appréciât pas le goût qui lui restait en bouche, il fut parcouru d'une onde de bonheur coupable de l'avoir tenté, seulement parce qu'il l'avait décidé et qu'il ne pensait jamais plus le refaire. Le bonheur d'avoir cédé à une envie dangereuse était à cet instant incommensurable, au risque de retomber « addict » à son ancien poison.

Le goût du tabac et la sensation dans sa gorge lui rappela sa jeunesse et il vit quelques moments heureux de son ancienne vie de célibataire, insouciante, avec ses potes et ses quelques conquêtes, les week-ends de beuverie, les émotions nouvelles, les aventures érotiques et émotionnelles, les vacances entre amis et la découverte d'une certaine liberté… Tout cela s'était évanoui dans les limbes de sa mémoire et ne reviendrait plus jamais. Ces instants de vie de jeune adulte lui manquaient parfois, ces semaines de travail à attendre le week-end ou le milieu de semaine, la ou les soirées du moment, chez l'un ou chez l'autre de ses amis, célibataires ou jeunes couples tout frais tout excités. Savoir qu'il existait dans une quasi-insouciance, qu'il devait en profiter avant d'accéder à la sacro-sainte vie de famille, le travail correct, routinier et souvent alimentaire et la vie de couple respectable et posée, avec recherche de maison confortable et le plus possible à l'abri du besoin.

Ces moments sacrés où il ne savait pas s'il allait rentrer seul ou bien accompagné, sobre ou pas, embué d'alcool ou quasiment sain, tout dépendait de la fille qu'il convoitait. Oui, cette nonchalance lui manquait tant, ce manque de sérieux, cet aveu quasi assumé de procrastination, car il n'y avait aucune urgence à faire ou dire telle ou telle chose à cette époque. Il se rappelait les concerts auxquels il avait assisté, avec ses potes de l'époque, lorsqu'ils finissaient la nuit dans les rues, ou dans une boîte, ou dans un autre café-concert, sans se préoccuper du lendemain, sans savoir à quelle heure il allait se lever, sans penser à ce qu'il allait faire les jours suivants. Sans projets sérieux ni essentiels, certes, mais sans aucune pression face à l'avenir. Décider du jour au lendemain de se faire un périple, seul ou avec des potes, pour visiter des lieux qu'il ne connaissait pas, se perdre dans des randonnées dans les montagnes des Alpes ou du Jura, se payer une semaine au bord de mer, à Nice ou à Bayonne…

En ressentant la dernière gorgée de fumée envahir ses poumons et lui faire tourner la tête, il se demanda quand et pour quelle raison il avait changé pour devenir aussi sérieux qu'aujourd'hui. Il se sentait toujours ouvert aux autres mais semblait répondre aux conversations dans le sens où les gens attendaient qu'ils prononcent certaines paroles particulières et en accord avec leurs idées et leurs états d'esprit. Ne pas brusquer, ne pas froisser les susceptibilités, ne pas s'engager dans un conflit sans fin et sans grand intérêt. Il en avait assez d'être si sérieux tout le temps, il se devait de retrouver cette liberté de paroles, d'actes et de pensées, tel un adolescent un peu attardé qui déclamerait ce qu'il avait en tête, peu importe les conséquences, mais doté de la maturité d'un homme de son âge et de son vécu.

Il rentra dans les bureaux après un bon quart d'heure de pause mais Amaury se faisait encore entendre à l'autre bout de l'open-space, toujours en discussion avec la même personne : « Pawan, Pawan, listen to me, Pawan !!! » La situation semblait surréaliste, comme si ces quinze minutes n'avaient pas marqué le temps… Installé à nouveau à son bureau, il attendit que son voisin termine sa conversation improbable, puis lui lança sèchement :

« Apprends à respecter les autres autour, tu n'es pas le seul à travailler ici. Quand je t'entends parler, je me demande comment les gens ne t'envoient pas chier plus souvent ».

— J'aime bien comprendre les choses, et aller au fond des problèmes, moi. Alors, j'insiste…

— Eh bien, insiste moins fort, c'est gonflant.

— Mais qu'est-ce que tu as en ce moment ?

— Qu'est-ce j'ai, moi ? Parce que c'est moi le problème ? J'en ai simplement marre de me faire marcher dessus et de me taire. Tu m'empêches de bosser correctement, tu imposes systématiquement ta présence et je ne le supporte plus. Le pire est que je sais que je ne suis pas le seul à penser ça, mais tout le monde se tait ici, tout le monde se cache !

— Ouais, ben chacun est comme il est, avec sa façon de faire, et tout le monde ne bosse pas pareil !

Byron se leva et se plaça devant lui, les yeux exorbités. Océane se retourna et pensa qu'un drame allait se dérouler. Elle faillit intervenir et calmer les esprits mais Byron s'esclaffa soudain, toujours en fixant Amaury, qui ne sut comment réagir ; ce rire était sans réflexion et sans moquerie, juste une libération de tension. Il lui claqua l'épaule et lâcha un « Pauvre gars ! Tu m'attristes ! »

Puis il se rassit sous l'air surpris de quelques autres visages, Amaury laissa échapper :

— T'es pas bien, toi…

Byron le toisa à nouveau et lui dit simplement :

— Tu sais, un jour, tes éclats de voix, ton irrespect, ton manque de savoir-vivre, ça ne passera plus. Et là, tu vas morfler, crois-moi…

L'autre lança un « pfff » dédaigneux et le large open space reprit sa routine langoureuse et assommante, une tension en plus dans l'atmosphère.

***

Byron profita de son nouvel état d'esprit pour régler un problème qui les agaçait, Maddy et lui, et ce, depuis quelques mois déjà. Les voisins du dessus avaient une fâcheuse tendance au bruit, à toute heure de la journée et parfois la nuit en fin de semaine. Bruits de talons, portes qui claquent bruyamment, rigolades et cavalcades dans l'escalier en bois, fréquences désagréables de télévision ou de musique techno très fortes, à la limite du supportable parfois et éclats de rire, quand ce n'était pas leur bichon peureux qui hurlait à la mort lorsqu'ils n'étaient pas chez eux, ce qui pouvait représenter une journée voire une soirée entière, week-end inclus.

Il écrivit donc à ses voisins irrespectueux une petite lettre très correcte pour leur demander de baisser leur niveau sonore général. Sans réponse et sans résultat aucun après deux semaines de patience, il monta un vendredi soir où la musique – enfin, la binarité d'un rythme de basse répétitif et insupportable –, résonnait à la limite du soutenable et fleurait bon la provocation.

Une femme ouvrit la porte, un verre à la main, suivie du roquet qui jappa en voulant entreprendre l'escalade du pantalon de Byron. Il se baissa pour le caresser, désirant également que la situation ne s'envenime pas. Il expliqua à la fêtarde la problématique qu'ils enduraient en prétextant que l'isolation phonique de l'immeuble n'était pas parfaite et que le moindre éclat se répercutait plus que de raison. La trentenaire échevelée parut comprendre le souci et lui souhaita une bonne soirée en s'excusant.

Le lendemain, Maddy et Byron entendirent, à partir de dix-neuf heures trente, quelques personnes monter à l'étage supérieur et les éclats de voix commencèrent à résonner dans la cage d'escalier. Réel manque de chance, car Nathan restant chez un copain tout le week-end, Byron et Maddy en profitaient pour se programmer deux jours en amoureux tranquilles. La musique commença à pilonner leur sens, les rires, les cris et les claquements de verres et de bouteilles emplirent leur esprit sans les lâcher une seule seconde. Vers vingt-trois heures, ne pouvant même plus visionner un film sans mettre le son au maximum, Byron se leva et dit à Maddy :

— Là, je pense qu'ils nous narguent ou qu'ils n'en ont rien à foutre de nous. Donc, c'est la guerre !

— Reste calme quand même, on ne sait jamais.

— T'inquiète, je serai diplomate, mais c'est la dernière fois.

Il monta et tambourina à la porte. La même femme ouvrit en rigolant et s'écria :

— Oh, encore vous ? C'est pour le bruit, c'est ça ? Vous ne supportez rien, vous…

— Vous, qui ?

— Ben vous là…

— Vous qui ? exulta Byron. Les connards du dessous, les vieux cons, c'est ça que vous voulez dire ? On ne doit pas être loin en âge l'un de l'autre. Mais les mots « respect, intimité, politesse et savoir-vivre » doivent être différents en définition entre nos deux cerveaux. Je ne vais pas rentrer dans votre jeu. Je vous ai prévenue deux fois, aujourd'hui c'est la dernière ! Je vois que vous n'avez pas compris ce que je vous demandais, maintenant je vais faire autrement. Continuez votre fête, c'est votre dernière.

— Ouais, c'est ça, ouais, j'ai peur…

— Et apparemment, vous n'avez plus de cerveau, ce qui va avec le bruit, je pense…

— Quoi ? Vous allez appeler les flics ? Je vais appeler mon mec, vous ferez moins le malin !

— Oh non, oh non, je vais juste régler le problème en m'abaissant à votre niveau intellectuel. Pas besoin de flics !

— Ah ah… fit-elle, sans pouvoir répliquer quoi que ce fut.

Il rentra chez lui en expliquant à Maddy les faits. La musique et les rires semblèrent s'amoindrir mais lorsqu'ils se couchèrent vers une heure du matin, le brouhaha reprit de plus belle, une rythmique techno scandait ses basses d'une régularité hypnotique et continua sans s'arrêter jusqu'à ce que les convives, avinés et sans filtres, déboulent dans l'escalier en criant comme des décérébrés une bonne heure après.

Le dimanche, Byron se leva à cinq heures, quelques heures seulement après le raffut, et monta les escaliers, une casserole en aluminium et une grosse cuillère en bois à la main. Certain de ne pas déranger d'autres locataires car ces « rois du monde » étaient les seuls à cet étage, il se posta devant la porte et entreprit de frapper sur la casserole, à coups réguliers, comme le rythme de la musique qu'il avait subi pendant les deux dernières nuits. La porte s'ouvrit et un jeune homme sortant de son sommeil le regarda avec des yeux vides sans comprendre. Byron lui expliqua qui il était et ce qu'il avait déjà tenté de dire à sa compagne ou sa mère ou qu'importe qui elle put être pour lui. En se taisant, il reprit son bruit effroyable de métal martelé, régulièrement sous les yeux fatigués et irrités de l'homme. Celui-ci referma la porte sans émettre un son et Byron continua sans faillir, un quart d'heure durant.

Lorsqu'il revint chez lui et se recoucha, Maddy était écroulée de rire.

— Tu crois qu'ils ont compris ?

— Vu la tête du mec et de ce qui se trouve encore dans ses veines, je ne pense pas… mais j'ai tout mon temps…

Ils rirent et se rendormirent. Ils passèrent une journée tranquille à se promener et le soir, les claquements de porte reprirent et les pas de montée et de descente sur le bois craquant de la cage d'escalier semblèrent pour quelques-uns exagérés volontairement, comme un semblant de vengeance vaine et surtout dans une absence totale d'intelligence.

Vers minuit, s'assurant qu'il n'y avait aucun bruit perdurant, Byron prit de vieux sabots qu'il avait récupérés d'Angleterre en guise de décoration, et entreprit de les chausser et de faire du surplace devant la porte des voisins. Personne ne sortit, il entendit juste quelques insultes à l'intérieur de l'appartement, mais continua encore quelques minutes. En partant, il cria : « Ça peut durer très longtemps, vous savez, c'est à vous de voir si vous désirez rester cons ou si vous voulez respecter un peu plus les autres. »

Il reprit la manœuvre à trois heures du matin en s'excusant devant Maddy. Cela dura tous les soirs ainsi pendant une semaine. Le week-end qui suivit, aucun désagrément ne vint entamer la quiétude de l'immeuble, à peine quelques sons diffus de musique le samedi et des claquements de talons féminins mais qui cessèrent à vingt-deux heures trente. Malgré le sacrifice de quelques heures de sommeil, le problème semblait réglé, cela valait bien le coup de jouer aux plus crétins, non ?

***

Le week-end suivant, alors qu'ils étaient sortis faire quelques courses au centre-ville, Byron et Maddy passèrent devant plusieurs boutiques de vêtements de luxe et une chocolaterie. Ils rentrèrent dans cette enseigne réputée pour son artisanat d'exception. Byron offrit de bonnes friandises à sa compagne. À peine sortis dans la rue, un jeune homme à l'aspect douteux, assis sur le goudron au creux d'un angle de deux murs, leva les yeux sur eux et leur dit juste bonjour. Byron sortit son portefeuille et tendit un billet de vingt euros au jeune sans-abri.

— Oh merci monsieur. C'est très généreux.

— Non, ce n'est pas généreux mais tu n'as pas l'air en grande forme. Pour quelle raison es-tu là ?

— Oh, ce serait long à raconter…

— J'ai tout mon temps, lança Byron, s'asseyant sur le trottoir devant le jeune.

Maddy ouvrit de larges yeux et ressentit un paradoxe intérieur face à cette situation. Jamais elle n'avait vu son compagnon s'arrêter pour parler à un sans-abri et s'intéresser à ce qui avait bien pu l'amener ici.

Le garçon avait vingt-deux ans, et venait de perdre son premier emploi. Sans parents proches, sorti d'une famille d'accueil qui portait mal son nom, il ne désespérait pas de s'en sortir. Byron se releva après dix minutes d'écoute en lui prodiguant quelques conseils pour se remettre en selle, et lui serra chaudement la main, lui faisant promettre de dépenser ce billet en nourriture plutôt qu'en alcool. Le gamin promit et remercia plusieurs fois, au bord des larmes.

Le couple continua sa marche et Maddy se serra contre son homme en lui glissant à l'oreille :

— Tu m'épateras toujours…

— Pourquoi ?

— Je ne te savais pas aussi ému par la condition des SDF. Tu avais l'air imprégné et compatissant.

— Mais je l'étais. Ça fait partie de mon nouveau credo. J'avais envie de savoir, de lui parler, alors je l'ai fait. J'ai surtout vu qu'il n'était pas une racaille comme on en voit trop souvent et qu'il n'avait pas sa place dans la rue.

— Ok, alors dès que tu auras envie de faire quelque chose, à présent tu le feras sans contrainte ?

— C'est ça, ne ris pas, Maddy. Nous sommes trop esclaves des compromis, des habitudes et des concessions que la société nous impose, malgré notre aveuglement. Nous nous flagellons nous-même et notre moral est mis chaque jour à rude épreuve, je ne peux tout simplement plus faire semblant.

— Tu n'aurais pas envie de m'embrasser tout de suite, par hasard ? sourit-elle par défi.

Il l'entraîna dans une petite cour intérieure et goûta à ses lèvres offertes, en prenant soin de ne pas lui faire oublier ce baiser langoureux et mouillé. Maddy se mit à pouffer de rire en reprenant son souffle et enlaça son compagnon, lui lançant dans le cou :

— Ah, comme je t'aime, toi…

Elle sentit qu'il promenait ses mains sur ses fesses et se laissa faire, même si elle se retrouvait la robe relevée sur une jambe, offerte aux regards. Deux doigts passèrent sous la dentelle et caressèrent la fine toison, appréciant la chaleur de l'instant. Ils s'embrassèrent à nouveau et l'attouchement continua plus intensément jusqu'aux petits soubresauts dans le corps de la jeune femme. Puis Byron remit en place la culotte et la robe et se lécha les doigts, semblant apprécier l'intimité de sa dame.

— Tu kiffes, fit-elle, en éclatant de rire.

— C'est divin, répondit-il en riant aussi. Ils s'embrassèrent à nouveau, avec amour, se sourirent et continuèrent leur promenade, main dans la main.

***

Il avait rendez-vous au bureau des commerciaux pour un petit briefing avec une partie de la direction. La réunion dura une heure et demie et Byron mit tout ce temps perdu à contribution afin d'observer les personnes présentes. Beaucoup d'hommes, très présentables mais si crispés, frustrés de ne pas pouvoir dire ce qu'ils pensaient vraiment sur les sujets évoqués. Peu de femmes se tenaient autour des tables, dont deux que Byron connaissait un peu. Caroline d'une part, petite brune d'environ quarante-cinq ans, très sympathique et très professionnelle, suivait assidûment la moindre parole énoncée et la moindre action à mettre en place. Cheryl de l'autre côté de la grande table centrale, grande brune de vingt-huit ans, toujours vêtue très court, le haut comme le bas, affriolante à souhait, de belles formes mises en valeur, ce qui faisait baver la majorité des hommes et provoquait une étrange confusion de sentiments parmi ses collègues féminines, comme une jalousie mise dans l'ombre par une admiration bien nette.

Elle n'était pas particulièrement facile d'accès, ni provocatrice, mais elle était bien consciente de sa beauté pour laisser les regards s'attarder sur son corps. À cet instant, elle était habillée d'une petite robe moulante jusqu'à mi-cuisses de teinte « blue-jean », ornée de petits dessins floraux, des bas noirs et clairs caressaient ses jambes jusqu'à ses escarpins bruns, en daim raffiné. Pendant un moment, il s'imagina avec elle dans un lit, lui retirant ses vêtements et la couvrant de caresses et de baisers. Il sentit presque la douceur de ses petits seins dans sa main et imagina ses doigts à elle s'activant sur son membre dont la raideur se faisait effectivement sentir dans son pantalon à ce même instant.

Lorsqu'ils sortirent de la salle, Byron fut interpellé par Emeric, un acheteur écervelé qui avait toujours un mot pour rire. Ils parvinrent à son bureau et ils parlèrent d'un dossier en cours. Plus loin, Cheryl et deux autres collègues étaient assises à un autre bureau, et avaient repris le travail. Tout en écoutant Emeric, Byron jetait des petits coups d'œil à cette grande et belle femme et se demanda si elle était mariée, avec des enfants, elle paraissait si jeune et si mûre à la fois. Mais ses yeux clairs derrière ses lunettes se levèrent sur Byron, ayant certainement perçu l'insistance de celui-ci et elle lui décrocha un large sourire, ce qu'elle n'avait certainement jamais fait à son encontre.

Après sa discussion avec Emeric, Byron se dirigea vers Cheryl et lui lança un petit bonjour. Elle se retourna en lui répondant, toutes dents sorties. Ils entamèrent une petite conversation de routine et il s'intéressa à son travail, vu qu'il ne savait pas du tout en quoi il consistait. Pendant qu'ils parlaient, Byron n'avait qu'une idée en tête et faillit se laisser rattraper par son instinct sauvage. Auparavant, il aurait terminé sa conversation et serait reparti à son poste, une frustration et une envie de plus rabougries au fond de lui. Mais le nouvel être en lui ne se démonta pas, attendit la fin d'une phrase et dit, à la grande surprise des trois personnes présentes :

— Que tu es belle, Cheryl ! Rayonnante, superbe ! Laisse-moi, pour te remercier de me prêter à ces mots, moi modeste personne lambda au milieu de ce monde important, laisse-moi te baiser le pied, en tout bien tout honneur.

Il s'agenouilla soudain, se plaça devant les jambes croisées de Cheryl, décrocha délicatement un escarpin d'une main, et de l'autre tint le mollet fin et soyeux. Il leva à peine la jambe et posa délicatement un baiser sur le haut du pied fin de la jeune femme. Il la regarda et profita de son rougissement pour en déposer un deuxième, puis remit la chaussure en place. Il se leva, la remercia encore tout en la saluant en une grande révérence, comme s'il se tenait devant une grande reine et sans la laisser rétorquer, disparut par la porte en une souple courbette digne d'un quelconque marquis au temps de la Renaissance. Cheryl se sentit écarlate, rit avec ses deux collègues voisines, et dit :

— Si je m'attendais à ça… je… je… suis toute bizarre…

— C'est clair qu'on ne voit pas ça tous les jours, dit Sarah.

— C'est limite quand même, renchérit Caroline.

— Oh non, c'est mignon, Caro… et c'est surtout très étonnant de lui, d'habitude si discret, si silencieux… Bouh, je ne sais plus où j'habite, moi…

Elle se remit néanmoins au travail comme si de rien n'était mais sa journée fut un peu différente des autres, car ponctuée de jolis sourires qu'elle faisait parfois dans le vide, en repensant à cette délicatesse. Byron se sentit pousser des ailes par cet acte qu'il ne jugeait pas déplacé et espéra que Cheryl avait apprécié et qu'elle ne serait aucunement choquée par son geste. Pour lui, c'était innocent, juste de la tendresse, et un désir refoulé en moins.

***

Le week-end suivant, il força Maddy à partir en balade, laissant Nathan à son père. Lui retirant tous ses prétextes, il la persuada de laisser son magasin à une de ses collègues et ils partirent pour Annecy. Byron connaissait quelques adresses et ils y réservèrent une belle chambre d'hôtel avec vue sur le lac.

Ils passèrent deux jours en amoureux à partager des moments très sympathiques, entre petits restaurants et baignade, en passant par quelques promenades à travers les collines alentour et flânant en centre-ville à la recherche de quelques achats à faire, sans grand besoin. Maddy pensait qu'il allait lui expliquer la raison de son changement d'attitude depuis quelques semaines mais il n'en fut rien, Byron avait l'air serein et concentré sur ce qu'il vivait et voyait, cela contenta Maddy, et la rassura un peu plus.

Ils parlèrent un peu de l'avenir de Nathan qui n'était pas mauvais au collège mais qu'il fallait toujours agacer et motiver pour qu'il bouge un peu son cerveau et se mette au travail. Il ne savait pas du tout ce qu'il voulait faire plus tard, et elle tentait de l'aiguiller sur plusieurs pistes mais sans grand résultat. Il répondait toujours qu'à treize ans, il lui restait néanmoins encore quelques années avant d'y réfléchir sérieusement.

Byron ne parlait guère de Nathan, il ne préférait pas se mêler de son éducation, il laissait son père et sa mère s'en occuper. Bien sûr, si l'adolescent lui demandait conseil un jour sur n'importe quel sujet, il l'aiderait sans sourciller, comme il le faisait parfois pour l'anglais. Mais pour l'instant, il restait le plus à l'écart possible.

Le dimanche soir, en partant à regret, Maddy tenta une conversation sur ses parents qui résidaient assez loin d'elle, en Normandie, et proposa d'aller passer une semaine l'été prochain chez eux, pour se changer les idées et qu'ils puissent voir un peu leur petit-fils. La réaction de Byron la surprit à nouveau car elle savait qu'il ne les avait jamais vraiment appréciés, ses beaux-parents étant quelque peu snobinards et précieux dans leur attitude et leur quotidien, et détenaient le reproche facile, surtout en ce qui concernait leur fille et son divorce qu'ils n'avaient jamais compris, ni accepté. Pierre avait été le gendre parfait pendant quelques années, ingénieur en aéronautique, le verbe facile et le compte en banque non sans intérêt. Son caractère se mariait bien avec leur attrait pour l'apparence, le superficiel, c'était étrangement pour cet état et cette nature que Maddy l'avait quitté, l'attirance initiale qu'elle avait pu avoir pour cet homme élégant et bavard s'étant estompé avec les années.

Alors Byron était apparu, au détour d'un festival de musique où il jouait en amateur avec un groupe de reprises rock 70's. Elle avait tout de suite flashé sur ce grand mec doté d'une classe naturelle qui ressortait dans ses gestes. Discret, intelligent, généreux et posé, elle avait su que c'était l'homme qu'il lui fallait enfin, car il représentait tout le contraire de l'exubérance et l'orgueil de Pierre. Mais ses parents n'avaient pas apprécié cet homme sérieux et quelque peu silencieux, pensif et doté d'une situation professionnelle si banale pour eux et tellement peu avantageuse pour l'avenir de leur fille et leur petit-fils. Elle s'était accrochée malgré tout, par son amour grandissant bien sûr et également par contradiction avec ses parents.

Byron prit la question avec engouement et répondit que ce serait une très bonne idée de partir pour cette région du Nord-Ouest qu'il ne connaissait que très peu. Elle s'attendait à ce qu'il demande à louer une chambre d'hôtel ou un gîte pendant ce séjour mais il accepta le fait d'être invité à dormir dans la grande maison de ses « beaux-parents », près de Saint-Malo.

***

Au cours d'une sortie avec des copines de Maddy et leurs maris, Byron retrouva un de ses anciens compères de jeunesse et de musique. Fred était batteur à l'époque et ils avaient joué quelque temps ensemble, avant qu'il ne s'envole pour la Chine, embrassant un début de carrière de traducteur. Il était revenu en France depuis deux ans et se trouvait être le compagnon d'une amie de Maddy depuis un an.

Les deux comparses s'isolèrent un peu pour parler du bon vieux temps et ne comptèrent pas les bières et les verres de whisky ingurgités, ce qui les rendit très amochés à la fin de la soirée. Ils promirent de se revoir bientôt et Maddy eut bien du mal à coucher son homme, qui partait dans des délires existentiels éthyliques sans queue ni tête et qui auraient pu prêter à rire dans d'autres circonstances. Mais son état était tel qu'il avait fumé une bonne dizaine de cigarettes, quelques vapeurs de cannabis et avait tenté de gagner l'attention de deux jeunes femmes célibataires et également très alcoolisées. Elle le connaissait un peu fêtard et savait son passé de séducteur, d'homme indépendant et solitaire, mais elle ne l'avait jamais vu dans un état aussi lamentable. Ils n'en reparlèrent que très peu ensuite et la semaine qui venait s'annonçait comme toutes les autres, en tentant d'oublier cette mauvaise passe.

***

Quelques semaines passèrent durant lesquelles Byron et Fred avaient réussi à se revoir, et même à trouver un guitariste et un chanteur pour tenter de reformer un petit groupe sans prétention. Il s'était acheté une basse premier prix, car il avait vendu la sienne des années auparavant lorsqu'il avait arrêté la musique. Après avoir réalisé qu'ils avaient tous les mêmes goûts musicaux principaux, ils décidèrent de répéter une fois par semaine, chez le batteur, et tenter de boucler un répertoire d'une dizaine de titres, histoire de se produire dans les bars de la région pour l'été qui arrivait à grands pas. Au programme, une bonne musique de vieux aux dires de Nathan, totalement désolé des goûts musicaux de son « beau-père », des reprises de Creedence Clearwater Revival, The Doors, The Who, Led Zeppelin, Eric Clapton, Dire Straits, Bruce Springsteen, Pink Floyd…

Byron se sentait comme retourné quinze ans en arrière, un peu dans l'insouciance du laisser-aller et du laisser-vivre, voire du lâcher-prise. Il avait même repris les mauvaises habitudes les soirs de répétitions, rentrer tard sans prévenir, la cigarette, quelques bières s'incrustant dans son haleine et parfois accompagnées par trop de verres de whisky. Il n'avait rien décidé ni programmé, c'était revenu ainsi, comme si cela faisait partie du rituel amis-musique-rock, se faire plaisir en se faisant encore plus plaisir. De petits moments de liberté qui changeaient du quotidien, qui rompaient la monotonie des jours qui passent et se ressemblent quand même tous un peu.

Il était évidemment conscient que ce ne serait jamais pareil que jadis, qu'il ne retrouverait pas exactement les ambiances et les sentiments de l'époque post-adolescence, mais il désirait s'en approcher au mieux, quitte à sacrifier quelques week-ends « télé-canapé » avec Maddy.

Celle-ci commençait à s'inquiéter de ces soirées à répétitions et des retours en pleine nuit où il revenait imbibé d'alcool et de tabac froid. Alors il l'invita à passer un samedi soir avec eux et leurs compagnes, et ils improvisèrent une répétition express pour prouver à ces dames qu'ils ne faisaient pas que picoler et manger des chips et du saucisson et qu'ils savaient encore faire de la musique. Maddy fut à peu près rassurée car elle avait passé une très bonne soirée en compagnie de toute la bande mais ne put s'empêcher de rétorquer à Byron le lendemain lorsqu'il lui demanda :

— Alors, tu vois, je ne suis plus un gamin, je sais ce que je fais, et ça me plaît à nouveau de jouer du rock. Je m'éclate.

— Oui, j'ai vu. Mais tu t'ennuies tellement dans ta vie ? Avec moi, avec nous ?

— Non, ce n'est pas de l'ennui, mais j'ai envie d'ajouter d'autres choses à mon quotidien.

— Un peu au détriment de notre vie commune, tout de même…

— Je ne vois vraiment pas en quoi ça empiète sur notre vie. Je t'aime toujours autant, je suis toujours aussi consciencieux au travail, je prépare des dîners la semaine et certains week-ends comme avant, je partage toujours le ménage avec toi, je pense être là quand tu as besoin de moi, on fait toujours l'amour…

— Oui, laisse tomber, tu auras toujours raison, continue à t'éclater comme tu dis et ne t'occupe pas de moi. Je dois délirer.

— Tu vois, tu te contredis et tu t'énerves, Maddy, donne-moi un exemple de quelque chose que j'ai manqué depuis que j'ai repris la musique. Et puis, je ne t'empêche pas de t'éclater dans une de tes passions de ton côté…

— Laisse tomber, je te dis, fit-elle fermement. Tu as changé, Byron, c'est dingue, je ne sais plus qui tu es !

***

Une réunion de plus qui s'éternisait, un directeur commercial qui répétait sans cesse les mêmes prérogatives et ne parlait que d'argent, de rentabilité et de forcing client, si bien que Byron se laissa aller à bailler aux corneilles. Certains de ses voisins le faisaient déjà depuis un moment mais lui se fit un peu plus remarquer. Quelques visages se retournèrent sur lui et certains d'un air réprobateur, les mêmes qui gribouillaient sur un morceau de papier en attendant que le temps passe plus vite. Le directeur commercial enchaîna :

— Je suis désolé de tant vous importuner, cher Byron, avez-vous mieux à proposer comme sujet de réunion ?

Byron, sentant les regards d'une hypocrisie affolante se tourner sur lui, croisa les bras et lança :

— Oh, je propose qu'on partage la poire en deux. Ceux qui s'emmerdent peuvent partir, car ils ont du travail à faire qui est hélas laissé en suspens à cause de vous, et ceux qui s'emmerdent mais qui se taisent parce qu'ils ont l'habitude de lécher les bottes de leur manager peuvent sans souci rester à supporter ce énième briefing qui ne sert pas à grand-chose.

Un silence de mort régna alors et le manager lui répondit, d'une placidité sans faille :

— Vous faites comme vous le désirez, vous n'êtes pas en prison.

— En effet, répondit-il, merci de nous le rappeler.

Et Byron sortit de la salle, libéré d'un poids, voire de deux. Il savait que son affront n'en resterait pas là mais il se sentait droit et juste, en accord avec sa ligne de franchise. Pourquoi lui qui ne dérangeait jamais personne et faisait son travail dans le silence et le calme ne pourrait pas s'imposer enfin quand les pires irrespectueux ne se gênaient pas pour critiquer la boîte elle-même et tirer dans le dos de leurs collègues à longueur de journée ? « La roue est en train de tourner », se disait-il.

Plus tard dans la journée, il croisa dans une allée un des dirigeants de la boîte et passa devant lui sans rien dire. L'autre se retourna et lui lança :

— Quelle impolitesse, monsieur !

Byron alla à son encontre et répondit :

— Pardon ? Quel est le problème ?

— Lorsqu'on croise les gens dans une entreprise, on les salue.

— D'accord, mais je n'ai pas entendu le vôtre de « Bonjour »... Alors je n'ai rien dit.

L'autre allait rétorquer mais Byron insista, un peu sur les nerfs :

— Cela fait deux ans que je vous croise toutes les semaines et je vous lance toujours un petit bonjour. Jamais je n'ai entendu de réponse, jamais, ni même un regard, il me semble ! Alors, aujourd'hui, permettez-moi de passer outre ma politesse et l'inutilité de ce salut, puisque vous me prenez de haut à chaque fois. Vous pensez que vous pouvez vous permettre de ne pas me répondre parce que vous êtes l'une des têtes de l'entreprise et que je ne suis qu'un employé lambda, juste bon à répondre au téléphone, envoyer des mails, et vous faire gagner toujours plus de bénéfices. Alors avant de me parler de politesse, je vous demande de me respecter. Ainsi je vous souhaite une excellente journée. Laissant l'autre coi sur place, rouge comme un poivron trop mûr, il reprit sa place au bureau, jetant un œil sur Amaury et Océane qui semblaient concentrés sur leurs dossiers.

Plusieurs jours passèrent et son manager lui demanda de venir à son bureau pour son entretien annuel de progrès. Après avoir passé les banalités, les bons résultats de son labeur pris en compte et les demandes de formation dont il ne verrait jamais la couleur, Byron sentit son interlocuteur tendu qui semblait prendre son souffle :

— Byron, on en arrive au travail d'équipe et au comportement de chacun par rapport aux situations potentiellement stressantes et problématiques.

Un silence s'instaura.

— Tu vois de quoi je veux parler ?

— Plaît-il ? fit Byron, sincèrement surpris.

— Je t'en prie, tu le sais très bien… Que t'arrive-t-il ?

— Je ne comprends pas…

— Bon, je vais le formuler plus clairement, je t'apprécie beaucoup et ce depuis que tu as pris le poste. Ton travail est irréprochable, ton attitude est très sociable, serviable et discrète, et tu évolues bien dans le système, jamais un mot plus haut que l'autre, les tâches demandées effectuées sans broncher… Ça, c'était toi jusqu'à il y a quelque temps. Tu n'es plus cette personne. Alors j'aimerais savoir ce qui se passe. Peut-être as-tu des problèmes personnels, de santé, d'ordre familial… Si tu le désires, je suis là pour en parler aussi, et notre infirmière également…

— Les gens se plaignent de moi apparemment, fit Byron, souriant. En fait, tu me reproches d'être devenu comme tout le monde, d'avoir l'attitude de la plupart de mes collègues.

— Comment ça ?

— Vous ne cessez tous de parler de respect entre les personnes, d'estime du travail bien fait, de politesse, de sérieux, d'efficacité et de conscience, tout cela dans une bonne humeur supposée. J'entends ça toute la journée par chaque employé ici. Mais tout le monde se tire dans les pattes, personne ne respecte personne, il y a une hiérarchie indéfectible qu'il faut accepter aveuglément et les employés qui ont plus d'ancienneté se croient tout permis, quitte à annihiler l'existence de leurs collègues, aux yeux de tous ! Alors, pourquoi me reprocher mon attitude alors que certains dont je tairai le nom n'ont de cesse, tous les jours sans exception, de gêner le travail des autres, de vouloir parler plus fort que les autres, s'imposer, se faire voir et entendre, dénigrer l'entreprise qui les paie chèrement et jouer les fumistes à longueur de temps ? Tout cela sous le regard silencieusement approbateur de tout le monde, toi y compris ! Pourquoi devrais-je accepter cela, moi ? Pourquoi devrais-je subir ce genre d'affront et fermer gentiment ma gueule ? Désolé, c'est fini, tout ça !

Le manager le fixa étrangement et répondit :

— Désolé, je ne savais pas que tu te sentais aussi mal dans ton travail…

— Ce n'est pas mon travail le problème. J'aime mon job et je le fais consciencieusement. Mais l'entourage est devenu insupportable, ne fais pas semblant de ne pas comprendre. Toi comme les autres, tu acceptes cet état de fait. J'ai rongé mon frein pendant des mois, pensant que quelqu'un de plus « connu » ou « estimé » que moi dans la boîte allait vouloir changer les choses, serait aussi exténué que moi pour péter un câble et enfin mettre fin à cet enfer. Mais vu l'immobilité de chacun et cette vile pudeur, je réagis à présent. Brutalement certes, mais les choses doivent changer, pour le bien de tous et pas seulement du mien.

— Ok, je sens que nous parlons de ton collègue de droite pour le moment mais qu'en est-il de tout le reste ? Tu as discrédité monsieur Paullmann il y a quelques jours, devant tout le bureau. Tu sais que c'est le numéro deux de la boîte ?

— Et alors ? Je le respecterai quand il me respectera. Si rien n'a été déformé de ce qu'on t'a rapporté, je n'ai fait aucun affront. Je le vois toutes les semaines et il n'a jamais répondu à mes bonjours. J'ai donc attendu qu'il me salue le premier, mais il s'est offusqué que je ne sois plus le petit chien qui fait le beau devant Môssieur le Sous-Directeur.

— Tu joues avec le feu, tu peux prendre un avertissement…

— J'aimerais bien savoir pour quel motif ?

— Ah, tu es compliqué, tu sais.

— Non, c'est toi qui ne veux pas comprendre la proportion de tout cela prend. Le Byron qui dit oui à tout, le gentil toutou à son « maimaitre », le mec sympa arrangeant qui fait tout pour que tout se passe bien pour tout le monde envers mon boulot et celui des autres… Je dis « Stop ! »

La conversation s'interrompit peu après et Byron sortit souriant du bureau, comme s'il avait été augmenté sans l'avoir pressenti.

***

Nous étions en plein mois de juin et le groupe de Byron, prénommé Rocks On Roads, réussit à décrocher une petite date d'une heure pour la fête de la musique au centre-ville. Les gars étaient tous excités de faire ce premier concert ensemble et ils jouèrent honorablement, s'accordant déjà quelques autographes à la fin de la prestation. Ils passèrent l'« after » à fêter cet événement comme il se devait et Maddy n'avait jamais vu son homme aussi volubile et entreprenant. La soirée se passa très bien et lorsqu'ils rentrèrent chez eux, Byron fit comprendre qu'il n'avait pas encore sommeil.

— Ma chérie, on fête ce premier concert entre nous deux ? fit Byron, embrassant Maddy dans le cou.

— Oh, pas ce soir, chéri, je suis fatiguée…

— Allez, tu n'auras rien à faire, je te déshabille, je te caresse et te fais l'amour. Tu n'auras qu'à apprécier et te laisser faire.

Ses doigts s'enfilèrent sous la jupe et il tenta de l'embrasser, mais elle se détourna vivement :

— S'il te plaît, tu es bourré ! Laisse-moi me coucher, on fera ça un autre jour.

Mais le cerveau de Byron n'écoutait pas et il tenta de retirer la culotte récalcitrante, mais si maladroitement qu'il reçut une gifle soudaine.

— Je t'ai dit d'arrêter ! cria Maddy, les yeux hors de leurs orbites.

Il la lâcha net, ses yeux se dilatèrent et un rictus malsain apparut sur sa bouche. Maddy soutint le regard orageux de son homme, puis partit dans la chambre. En fermant la porte, elle lança :

— J'aimerais que tu prennes le canapé cette nuit, tu empestes le tabac ! Tu n'as qu'à te branler dans les coussins, si tu ne peux pas te retenir.

Nathan sortit de sa chambre, un casque sur les oreilles et souffla :

— Ouaif ! Qu'est-ce qu'il y a ? Vous vous engueulez ?

— T'occupe, tu dors pas encore à cette heure-là ? fit Byron, frustré et dédaigneux.

— Ben nan, trop pas ! Je regarde une série, c'est trop bien de ouf…

Byron soupira, se dirigea vers le bar et se servit un triple whisky. Il ouvrit la baie vitrée et sortit une chaise sur la petite terrasse. Il s'assit en sirotant son breuvage en pestant pour lui-même : « Il faut toujours que quelqu'un m'emmerde quand je me sens bien, toujours quelque chose qui me pourrit les seuls instants de bien-être… ». Sa tête tournait à peine et son corps bouillonnait en interne. Il s'assura que Nathan fut retourné dans sa chambre et se déshabilla entièrement. L'appartement donnait sur une petite rue calme un peu en dehors du centre, et s'alignait avec des dizaines d'autres résidences dans un lotissement assez calme. Il connaissait quelques voisins, dont ceux juste à côté, mais les deux terrasses étaient séparées d'un canisse en bambou assez épais. Il avait déjà vu quelques têtes dans la résidence en face mais sans y prendre attention. De la rue, on pouvait à peine le voir depuis son troisième étage.

Quelques lumières étaient encore allumées, en face de lui, plus bas, mais il ne se souciait pas qu'on le vit nu. Il était trois heures du matin et son excitation ne redescendait pas. Maddy l'avait giflé, pour la première fois. Mais il s'était montré très laid, pour la première fois aussi, il reconnaissait sa maladresse. Allait-il trop loin dans sa recherche de liberté et d'absence d'entrave ? Faisait-il une sorte de crise de la pré-quarantaine ? Avait-il besoin de se sentir jeune et intouchable à nouveau ? Fallait-il que cela passe par une crise dans son couple ?

Il termina son verre et se leva en chercher un autre. Il voulut assouvir son besoin primaire de quelques minutes auparavant, il pensa aux trois plus belles femmes de son travail, Valérie, Cheryl et Océane et les imagina de dos, totalement nues. Il se masturba lentement en fantasmant sans honte sur les fesses qu'il voyait devant lui en pensée, mais il ne réussit pas à trouver une érection correcte et resta penaud, la main sur son sexe à moitié dressé, désabusé, désagréablement empli d'un sentiment étrange, un mélange de honte et d'envie. Il s'affala sur le fauteuil en osier de la terrasse et il s'endormit ainsi.

Un léger brin d'air froid le réveilla deux heures après. L'aube commençait à éclaircir l'horizon, au loin, orange et mauve, dessinant des volutes improbables et indéfinies dans le ciel, une belle matinée de début d'été en perspective qu'il ne verrait hélas pas passer. Il enfila un slip et s'écroula dans le petit canapé de son bureau de travail.

***

Lors d'une énième réunion commerciale, Byron arriva en retard d'un quart d'heure, ayant oublié l'horaire. Personne ne le remarqua, sauf Cheryl, installée au fond qui l'invita à venir s'asseoir juste devant elle. Il prit la chaise à califourchon en la remerciant et fit semblant d'écouter attentivement. Au bout de cinq minutes, la jeune femme se pencha et murmura :

— On est en pleine renégociation de pièces détachées pour les clients suédois…

— Ah, le contraire du mois dernier ? Ou la même chose ?

— Le contraire. Ils se sont rendu compte d'erreurs dans les remises…

— Pff, c'est n'importe quoi…

Cheryl gloussa en se redressant. Puis elle reprit la parole tout doucement :

— Ça va, toi ? On ne se voit pas souvent.

— La routine, tu sais. Oui, on n'a pas les mêmes sujets à traiter.

— Je suis sur les dossiers litiges des clients grands comptes français et tu en as peu, je crois…

— C'est ça, je fais beaucoup d'européens et très peu de français.

— C'est donc ça…

Il réalisa que cela faisait plus de deux mois qu'ils ne s'étaient pas parlé, en fait depuis qu'il avait joué le Don Juan en lui baisant subrepticement le pied. Il se retourna pour regarder ses vêtements, elle portait un pantalon en toile crème légère et des petites baskets blanches. Il lui sourit et elle répondit par une mimique interrogatrice.

— Je te regarde, tout simplement…

— Mouais, toujours une idée derrière la tête, ces mecs.

— Nan, tu te trompes… Ils rirent doucement et la réunion prit fin quelque temps après.

Ils retournèrent à leurs places respectives et Byron, tout en faisant abstraction des éclats de voix quotidiens de son psychopathe de collègue, au volume sonore nettement moins haut que d'habitude d'ailleurs, resta les yeux dans le vague pendant un long moment. Son cerveau tenta d'oublier les papillons qui tournaient lentement autour de lui, à nouveau revenus dans sa vie il y a peu et il pensa faire à nouveau une batterie d'examens poussés et complets à l'hôpital assez rapidement.

Il repensa aux beaux yeux de Cheryl, puis de Valérie dont il avait reluqué le corsage bouffant tout à l'heure, mais dériva sur sa situation professionnelle présente. Il en avait assez, il était las de tout, ses collègues et leurs conversations lui sortaient par les yeux, les réflexions des chefs de service l'agaçaient encore plus et le travail en lui-même était devenu trop routinier, et paradoxalement trop contraignant à cause de dizaines de procédures et de protocoles ajoutés au fil des semaines par une utopique meilleure gestion pour tous. Alors que faire ? Démissionner pour explorer autre chose, à nouveau ? Collaborer avec d'autres personnes ? Avant d'insulter tous les gens présents ici ?

Il y avait bien ces quelques moments où il soufflait, les pauses-café avec certains collègues qu'il appréciait, avec Océane sa collègue la plus proche, ou encore Caroline au service comptabilité. Les discussions avec elles se trouvaient bienfaisantes, sans arrière-pensées et non professionnelles. Il et elles échangeaient sur leurs vies respectives, leurs goûts, leurs actes, leurs pensées. Parfois, quelques mots assez crus fusaient pour pimenter un peu la discussion, parfois même sur un niveau de douce drague, mais sans jamais atteindre un point de gêne, les discussions entre hommes et femmes passaient toujours par une sorte de séduction naïve et enjouée. Et cela faisait un bien fou à Byron, ces dialogues extra-professionnels lui procuraient une sérénité et un lâcher-prise qu'il aurait bien voulu ressentir dans toutes les autres circonstances de sa vie.

Il aurait bien aimé que Cheryl les rejoigne parfois mais elle n'avait guère les mêmes horaires que lui, il aurait bien voulu faire plus ample connaissance avec elle. Mais en y pensant fortement, c'était mieux ainsi car elle se la jouait un peu trop femme fatale – elle avait les arguments pour, – et il était certain qu'elle pourrait faire faire n'importe quoi à n'importe quel homme aussi sensé et fidèle fût-il. Il pourrait lui-même faire une belle connerie en s'immisçant dans la vie de cette belle plante et succomber à ses yeux de biche loin d'être farouche, la tentation restait néanmoins tenace.

La plupart des humains salariés passent les trois-quarts de leur temps de vie à travailler, il est toujours plus appréciable d'éviter de se faire emmerder ou de s'emmerder pendant toutes ces années, car ce sont souvent des années que nous perdons à tout jamais, au détriment de notre réel but de bonheur, au sein de la sphère personnelle, familiale et amicale. Se voyait-il vraiment recommencer à chercher un autre travail, qui au bout de deux ou trois ans le minerait pareillement, ce qui le conduirait à passer sa vie à se demander ce qu'il aurait bien pu faire d'autre pour être heureux ? N'était-ce pas le comble de la solitude, de la dépression, du non-sens de la vie ? Pourquoi en était-il là maintenant, comment n'avait-il pas vu venir le mur qui l'emprisonnait à présent ?

Il ne supportait plus de faire semblant, de ne jamais être soi-même, de ressentir ce désaccord avec son for intérieur, son caractère profond, ses désirs les plus à vif, les plus alertes, les plus essentiels pour son bien-être. Non, ne plus faire semblant d'être bien, devant telle ou telle personne, proche ou inconnu, ne plus faire semblant de dire oui à tout et à tous sous prétexte qu'il faut toujours jauger et réagir en fonction de la susceptibilité et le goût des autres. Non, ne plus jamais faire semblant ! Jamais !

***

L'ambiance était tendue entre le trio familial, depuis la gifle que Maddy avait administrée à son compagnon. Il était conscient qu'il était allé trop loin, trop bas, et elle se demandait s'il avait compris le message. Il continuait les petites attentions, cuisinait un peu plus qu'à son habitude, ce dont elle se félicitait car il le faisait très bien. Concernant Nathan, Byron continuait à vouloir l'aider en Anglais et maintenant en Géographie mais le désintérêt croissant et la nonchalance de l'adolescent l'exaspéraient au plus haut point. Mais il se forçait, contrairement à son dessein essentiel, pour Maddy.

Après une soirée chez des amis, le couple se coucha plus tard qu'à l'accoutumée et Maddy sombra dans les bras de Morphée en une minute, son sommeil fut de suite accompagné d'un léger ronflement qui faisait toujours sourire Byron. Lui ne trouvant pas le sommeil, il sortit de la chambre et s'installa sur un fauteuil devant la télévision. Il zappa sur plusieurs chaînes pendant quelques minutes et stoppa devant un film à caractère érotique.

Il n'avait jamais été friand de ce genre de cinéma, préférant toujours un scénario valable et intéressant à une débauche de nudité, de démonstrations de sexes hors de proportion, de mouvements de bassins et de bouches intempestifs et de textes creux. Mais l'insomnie aidant et le manque de contact avec sa compagne confirmèrent son intérêt soudain. Rien de pornographique, tout était suggéré dans la nudité des corps, et il s'avoua que la façon de filmer ressortait de très bonne qualité. Il se laissa aller à caresser son boxer et sentit son corps réagir au quart de tour, aidé visuellement par les deux femmes qui se caressaient mutuellement les seins sur l'écran. Il mit une main dans son boxer et l'excitation montant, il ne perçut pas les pas fins de Maddy traverser l'appartement et se planter devant lui, les bras ballants. Elle s'aperçut de l'action se présentant sur l'écran et parla doucement :

— Que fais-tu ? Tu regardes un film de cul, toi ?

Byron sursauta à peine et acquiesça. Prétextant l'insomnie, il répondit qu'il n'avait pas mieux à faire. Et le film lui plaisait.

— Tu m'étonnes qu'il doit te plaire… Tu fais ça souvent ?

— Non, pas très souvent. Tu me reproches quelque chose ?

— Non, tu fais ce que tu veux, ça va que c'est moi qui me lève, je n'aimerais pas que Nathan te voie une main dans le slip… C'est plus de son âge que du tien…

— Y a pas d'âge pour se faire plaisir…

Maddy voulut repartir mais elle hésita et s'approcha.

— Je ne te comble plus ?

— Si, mais je suis tombé dessus par hasard, j'ai eu envie subitement, comme ça.

— Tu veux que je reste ? Tu en es où, là ? fit-elle en montrant son entre-jambes.

— Je viens de commencer…

Elle s'assit tout près de lui et remplaça sa main par la sienne.

— Tu veux que j'éteigne ?

— Non, fit-elle en souriant. Tu auras trois femmes pour toi comme ça.

Elle fit glisser le boxer sur ses jambes, libérant ainsi un sexe d'une raideur sans faille, retira sa chemise de nuit et se mit à califourchon, engouffrant le membre dans son propre sexe anormalement excité. Leurs ébats furent très courts mais assez intenses pour les mettre en sueur. Ils restèrent enlacés et nus jusqu'à la fin du film, Maddy profita d'une réactivation du membre de son homme face à une levrette qui se passait à l'écran et plaça ses fesses de telle sorte que Byron comprit de suite ce qu'il devait faire. Ils se couchèrent peu après dans leur lit, Maddy soufflant dans l'oreille de son homme :

— La prochaine fois que tu as envie de te toucher en pleine nuit, dis-le-moi avant… au cas où…

Ils rirent ensemble et s'endormirent dans une paix commune et bienfaisante.

Chapitre III
Dérapages

Byron, tout en étant conscient qu'il se conduisait parfois en égoïste suite à sa nouvelle norme de vie, continuait à faire le ménage autour de lui, que ce soit dans son travail ou dans sa vie privée. Il avait envoyé balader la femme du chanteur de son groupe, car elle collait trop son homme et l'empêchait de se concentrer sur les chansons à répéter. Elle l'avait très mal pris et avait fait comprendre aux autres qu'elle était indispensable à son inspiration, qu'elle détenait une sorte de pouvoir bienfaiteur sur lui, comme une muse. Le batteur avait tenté de sauver les meubles mais Byron était lancé et lui avait rétorqué que son seul pouvoir était dans ses gros seins et dans sa bouche. Le chanteur avait calmé les deux adversaires mais le mal était fait et parfois, un silence de mort régnait à certaines répétitions, alors que la muse de Monsieur restait toujours non loin de son homme, toujours en mini-jupe et décolleté plongeant comme pour affirmer ce pouvoir de séduction impossible à dénigrer.

Au début de l'été, juste avant de partir une semaine en vacances chez les parents de Maddy, il s'entêta à vouloir faire comprendre à son beau-fils qu'il ne devait pas passer sa vie à dormir, à jouer aux jeux en ligne, passer ses journées rivé sur son smartphone à partager des « fake news » sur les réseaux sociaux, à fantasmer sur des femmes relookées aux filtres virtuels et se gaver de séries plus abrutissantes les unes des autres. Lorsque Nathan lui rétorquait :

— Ben, tu veux que je fasse quoi ? Y a rien à faire…

— Y a rien à faire au vingt et unième siècle pour les jeunes ? Tu te moques de moi ? Tu es certain que tout autour de toi, tu ne peux pas trouver une ou deux autres occupations ? C'est hallucinant d'entendre ça, mais tout est fait pour vous. Vous avez tout sous la main, vous pouvez découvrir toutes les musiques que vous voulez, vous pouvez vous instruire par internet sur n'importe quel sujet, vous pouvez voyager un peu à bas prix, vous pouvez aller dans toutes sortes de magasins, vous pouvez voir des films à la demande autant de fois que vous le désirez pour des sommes dérisoires, vous pouvez bricoler ce que vous voulez, des tutos fleurissent de partout, des trucs pourris et des trucs géniaux, vous pouvez faire tellement de choses…

— Ouais ben moi, j'ai pas envie de tout ça.

Byron levait les bras en l'air en regardant Maddy, les yeux impuissants et désolés.

— Alors de quoi tu as envie ?

— Qu'on me foute la paix un peu…

— Parce que tu crois que tu es malheureux ? On n'est pas sur ton dos vingt-quatre heures sur vingt-quatre que je sache, tu n'es pas un enfant battu, tu n'habites pas un pays en guerre que je sache, tu as ce que tu veux dans ton assiette tous les jours, tu pisses et tu chies dans de l'eau potable, tu as quand même certaines libertés, ne serait-ce déjà celle de me parler avec cet air hautain et dédaigneux. Mais si j'avais eu tout ce que vous avez maintenant à ton âge, ç'aurait été royal, et même un peu trop…

— Ah ouais, ça y est, tu vas nous la jouer vieux con maintenant ! Vous les jeunes de maintenant, vous avez tout et nous, on n'avait rien, comme si t'étais né au Moyen Âge.

Byron ne sut ce qui se passa mais son bras reçut une impulsion et partit droit devant lui, faisant à peine une courbe sur la gauche et sa main entière vint percuter la joue de Nathan avec un éclat phénoménal. Le gosse en trébucha et tomba sur le canapé en criant. Maddy se précipita en ne sachant trop qui réprimander. Mais devant la violence du coup, elle prit son compagnon à part :

— Non, mais t'es pas malade ? Tu peux lui faire comprendre autrement, non ? Sans cette violence ?

— Oui, c'est vrai, pauvre petit ange, il est si malheureux, il n'a rien dans sa vie de positif, il est mal aimé et en plus le mec de sa mère est un méchant, bla bla bla… Arrête donc de le materner, qu'il se prenne en main et qu'il ait enfin envie de quelque chose, ce serait déjà pas mal…

— Tu n'es pas obligé d'être si violent !

— S'il avait pris plus de claques dans sa vie, il serait peut-être un peu moins insolent… Marre de supporter tout ça, marre de me faire chier avec les états d'âme de tout le monde… c'est comme au boulot, je retrouve les mêmes contraintes…

— Marre de nous bien sûr ? Marre de ta vie, c'est ça ? Et marre de ton travail et tes collègues méchants et bêtes, une fois de plus…

— Ouais, c'est exactement ça. Ma vie m'emmerde moi aussi, il n'y a pas que ton fils qui en bave de vivre car il y a toujours un truc à faire ou ne pas faire pour contenter les autres, vous autres, vous tous ! Est-ce que j'emmerde le monde, moi ?

Il sortit de l'appartement furieux en claquant violemment la porte, faisant tomber un petit tableau du mur de l'entrée, dont le cadre en bois se brisa instantanément en trois morceaux sur le sol. Maddy cria à son encontre, en espérant qu'il entendrait à travers le couloir :

— Oui, tu nous emmerdes !

Comme à chaque dispute ou éclat de voix, le silence s'instaura pendant au moins deux jours, car ni l'un ni l'autre du couple ne désirât briser la glace le premier. Quant à Nathan, il ne disait même plus bonjour à Byron, et il s'éclipsait dès que celui-ci entrait dans une pièce où il se trouvait. Et comme d'habitude, le train-train revint intact et chacun fit un effort pour aligner deux, puis trois, puis une dizaine de mots, puis les phrases recommencèrent à s'enchaîner. Mais contrairement à d'habitude, les rires étaient forcés et les sujets de conversation semblaient sous tension constante, de peur qu'un nouvel éclat ne se passe, celui de trop.

Byron s'interdit dorénavant de s'occuper de l'adolescent tant qu'il ne changerait pas son attitude et l'autre de rétorquer à sa mère qu'il allait parler de la gifle à son père. Maddy haussa les épaules et pria son fils de ne rien faire, car cela envenimerait la situation.

— Oui, mais peut-être que P'pa lui ferait fermer sa bouche en lui mettant une droite.

— Euh, tu ne sais pas ce que tu dis… Je ne pense pas que cela se passerait aussi facilement. Mieux vaut te taire. Ce qui ne pardonne en rien le geste de Byron, je ne le cautionne évidemment pas. Mais tu lui réponds pire qu'à un chien, n'oublie pas qu'il se soucie aussi de ta vie et qu'il t'a beaucoup aidé cette année scolaire. Un minimum de respect, s'il te plaît.

— Ouais, ben c'est pas une raison pour me frapper ! Il me respecte trop pas, là, sérieux !

Devant l'inutilité de continuer la discussion, elle s'éloigna de son fils pour se préparer pour son travail. Nathan resterait une semaine avec son père et sa nouvelle compagne au début de ses vacances avec des tâches à faire, avant de partir en Normandie avec le couple, ce qui bien sûr ne le ravissait aucunement. Byron rentrait normalement une bonne heure avant Maddy mais la perspective d'être en tête à tête avec l'adolescent le propulsa dans son bar préféré et durant toute la semaine, retrouva quelques copains en fêtant les vacances d'été, multipliant les verres, jusqu'à la limite de l'ivresse, pour seulement se donner du courage et l'abstraction de son mal-être devant les soirées de plus en plus ennuyeuses, remplies de non-dits et de compromis.

***

Ce fut le moment de partir pour une semaine de vacances chez les parents de Maddy sur la côte Nord-Ouest et malgré l'appréhension que celle-ci ressentit tout le long du trajet, elle fut surprise de voir son Byron détendu et presque heureux de ce voyage estival. Les quelques occasions où il avait rencontré ses « beaux-parents » avaient été assez explosives, tous deux étaient fraîchement retraités de carrières importantes et possédaient une vision réductrice des êtres qui les entouraient, l'atmosphère avait donc été assez électrique à chaque fois. Néanmoins, le nouveau Byron semblait heureux de passer ces quelques jours avec sa compagne et Nathan.

La traversée de la France fut un peu fatigante, les huit heures de route de la Bourgogne jusqu'à Saint-Malo éprouvèrent le moral de Byron, qui tenait à conduire tout le long et se fit souffrance pour supporter les jérémiades de l'adolescent qui pestait sans cesse parce qu'il s'ennuyait et que la route était longue et qu'ils s'arrêtaient trop souvent pour se reposer et qu'il faisait trop chaud et qu'il avait faim ou sommeil ou les deux… Mais Byron entreprit des efforts surhumains pour se contenir, ne pas le jeter hors de la voiture et ne pas engendrer une nouvelle mésentente avec Maddy concernant son fils.

Les deux premiers jours se passèrent à merveille, le temps estival était installé pour de douces séances en bord de mer et de longues promenades dans les rues de la ville, tout le monde semblait heureux de se voir et les quelques petites piques que ne pouvait s'empêcher de lancer la mère de Maddy à son encontre furent accueillies avec un peu d'humour ou d'ignorance. Mais le troisième jour, tout bascula.

Au cours d'un repas frugal sur la terrasse de la grande propriété, à l'ombre de deux chênes touffus, la mère de Maddy venait de reprocher à celle-ci de ne pas s'habiller assez classe, sa fille lui ayant rétorqué qu'elle ne se voyait pas en tailleur et talons aiguilles en plein été pendant ses vacances, les shorts et corsages légers lui allaient plutôt mieux pour se détendre en cette fin de juillet.

Puis, soudain, le père de Maddy fixa Byron et lança sèchement, non sans une pointe d'ironie :

— Sinon, ça se passe bien les ventes de voiture ? C'est sûrement tendu en ce moment… vous ne devez pas rigoler tous les jours.

Byron ne se démonta pas et répondit :

— Je ne sais pas, je ne suis pas vendeur de voitures, en tout cas jusqu'à ce jour…

— Vous travaillez bien dans les voitures et tout ça ?

— Pas du tout, je bosse dans une entreprise de fabrication de pièces, nous fournissons certains clients dans l'automobile mais ce n'est pas le plus gros de notre production. Je m'occupe essentiellement de clients dans le ferroviaire, le maritime et l'aéronautique et…

— Oui, donc c'est un peu pareil…

— Non, pas du tout, répliqua Byron, prenant inconsciemment le même ton supérieur de son interlocuteur.

— Et vous en êtes content ? fit la mère de Maddy, le visage froid et serré, comme à son habitude.

— Content de quoi ? fit Byron, qui sentait la colère monter.

— Eh bien, de votre situation…

— Oui, oui, c'est une bonne place, je…

— Ah bon ! finit-elle, le nez dans son assiette comme pour faire comprendre à tout le monde que la réponse ne lui satisfaisait pas ou même qu'elle s'en moquait totalement et qu'il fallait passer à autre chose.

Byron resta silencieux par respect pour Maddy et eut du mal à trouver l'envie de finir sa salade composée. Il vit sa compagne devenir mal à l'aise et elle voulut changer de sujet mais sa mère lui posa une question sur le père de Nathan :

— Et notre Pierre, il va bien ? Toujours à la tête de son « empire » ? Vous vous voyez souvent ? Il a bien réussi quand même…

Byron fut obligé de réagir :

— Ah… Nous y voilà ! Le problème est toujours là, c'est toujours la même chose en fait… On zappe le pauvre Byron, si inintéressant, on oublie qu'il vient de parler et on passe au grand Pierre, le magnifique Pierre, si imposant, si parfait !

— Plaît-il ? fit la femme sèche en face de lui.

— Maman, ne commence pas… fit Maddy, comme pour calmer l'ambiance.

— Vous n'avez jamais supporté la séparation de votre fille avec votre magnifique et formidable gendre Pierre. Vous êtes toujours à me comparer à lui en dénigrant ce que je fais et ce que je suis, alors que jusqu'à preuve du contraire, vous ne me connaissez pas ! Vous n'avez jamais pris le temps d'apprendre, de me poser des questions, ni savoir mes goûts et mes idées sur telle ou telle chose, vous avez un a priori depuis la première fois que vous m'avez vu et rien n'a changé depuis.

— Enfin, reconnaissez qu'il y a mieux comme travail que vendeur de voitures…

— Je ne suis pas vendeur de voitures ! exulta Byron. Vous n'écoutez même pas lorsqu'on vous parle, vous êtes toujours à critiquer tout le monde, vous avez même des griefs contre votre fille sur des sujets désuets. Et alors, en quoi vous gêne ma situation ? Je ne suis pas assez riche pour vous ? Je ne suis pas assez important ou utile dans le monde ?

— Ouais ben c'est bon… soupira Nathan, las de cette atmosphère qui s'envenimait dangereusement.

— Oh, Nathan, ne t'en mêle pas, je t'en supplie ! cria Maddy, rouge de honte.

— Il ne faut pas le prendre comme ça, Byron, fit le père, fier et certainement aussi sec que sa femme, mais pensez-vous quand même évoluer dans votre carrière un jour ? Ne serait-ce que pour l'avenir de Maddy et Nathan ?

Byron explosa de rage et dit doucement à Maddy :

— Je suis désolé, chérie, de ce qui va suivre, mais je ne peux pas me laisser marcher sur les pieds ainsi…

Maddy acquiesça de résignation et Byron continua :

— Mais qu'est-ce que vous avez contre moi ? Suis-je réellement si dénué d'intérêt pour que vous me preniez de haut à chaque fois ? Je respecte vos différences d'avis et de goût face à ma vie mais ne m'écrasez pas comme vous le faites.

— Byron, ça va, ne vous mettez pas dans…

Byron coupa la parole au père de Maddy qui voulait finalement calmer le jeu :

— Non, laissez-moi parler pour une fois, vous allez être obligé de m'écouter à présent. Vous avez assez dit à votre fille que je ne parlais pas beaucoup et que vous ne saviez pas ce que je pensais. Je devine même que vous avez voulu dire que je n'étais pas capable de beaucoup réfléchir. Vous allez donc savoir ce que je pense de vous et de vos petites mesquineries incessantes. Vous n'êtes que des gens suffisants qui se prennent pour beaucoup plus intéressants que ce qu'ils sont réellement. Qu'avez-vous de plus que moi en fait ? Vous avez réussi dans vos carrières respectives ? Bien, bravo, je vous félicite mais à part cela ? Qu'avez-vous fait d'autre pour le monde ? Avez-vous des occupations, faites-vous le bien autour de vous ? Donnez-vous du bonheur à d'autres que vous-mêmes ? Mon métier est ce qu'il est et ma vie est ce qu'elle est mais je ne suis pas pire qu'un autre, je n'ai aucun problème avec mon emploi car il me permet de vivre confortablement, Maddy détient son travail qu'elle aime également et tout cela nous permet de vivre sans souci. En tout cas, puisque cela vous inquiète tant, ça paie les abonnements téléphoniques et les jeux vidéo de votre crétin de petit-fils, qui ne pense qu'à dormir, bouffer des hamburgers et du Red bull, râler, pester contre sa pauvre petite vie d'adolescent malheureux, écouter sa musique de dégénéré qui lui abrutit encore plus le cerveau et qui le pousse à être irrespectueux et impoli avec nous, enfin surtout avec moi, voire violent avec des mots inadmissibles qui sortent de sa bouche et que je n'ai normalement pas à supporter. Quant à Maddy, elle ne s'est jamais plainte de mon métier ni de ce que je fais pour elle, et je pense sincèrement qu'elle a trouvé un équilibre, vous n'êtes pas sans savoir que Maddy était malheureuse avec votre divin Pierre, malgré tout son fric, sa prestance et ses costumes à mille euros et des poussières, mais qui n'avait aucune émotion ni chaleur humaine pour elle. Et pour parler cru, je sais qu'elle n'a jamais autant pris son pied sexuellement qu'avec moi, rien à voir avec votre sacro-saint chef d'entreprise si parfait, qui avait déjà une maîtresse à l'époque où il était encore marié à votre fille… mais vous l'avez peut-être déjà excusé pour ça aussi… Votre fille est la femme de ma vie, elle est exceptionnelle, intelligente, magnifique de la tête aux pieds, et intérieurement beaucoup plus raffinée et bienveillante que vous, je l'aime à en mourir et je ferais tout pour elle. Je fais d'ailleurs tout pour elle, car je n'existerais pas sans l'amour qu'elle me porte en retour.

La mère de Maddy, exténuée et honteuse, commença à se lever pour quitter la table mais Byron conclut :

— Non, non, ne quittez pas votre belle table parfaite et si bien décorée, dans votre si grande villa autour de vos grands espaces, où vous avez daigné accepter la présence de votre « presque-gendre » si inutile et si inintéressant. Restez assise sur votre cul d'impératrice obséquieuse du néant, c'est moi qui me barre, je n'en peux plus de vos réflexions et votre orgueil ! Vous me faites pitié !

Sous le regard affolé de Maddy qui tenta de le retenir par le bras, il se dirigea vers la cour de la propriété et sortit en longeant les murs des allées alentour, en direction de la mer. Après quelques centaines de mètres, il atteignit de gros rochers rangés en ligne, dessinant une longue ellipse, comme une énorme digue naturelle, façonnée par les flux et reflux des marées au fil des siècles et des millénaires. Le sable se découvrait juste après, la mer s'étant retirée pour un moment et le soleil allait bientôt s'évanouir dans l'horizon le plus pur en des teintes violines, bleutées et orangées.

Byron hurla le plus fort possible à l'encontre du paysage devant lui comme pour se vider de tout mal, de toute énergie négative, polluante, s'assit le dos sur un rocher à même le sable et contempla ce chef-d'œuvre de la nature, comme si un peintre surdoué et titanesque avait joué de ses pinceaux pour atteindre un tel niveau de perfection qu'il n'y avait pratiquement pas de mots pour le définir.

Pendant ce moment solitaire d'où émanait une fraîche plénitude, il se laissa aller à des rêveries opaques et ne désira pas repenser à ce qui venait de se passer, aurait-il dû se taire comme à son habitude ou avait-il eu raison de réagir avec autant de rage ? Tant pis, c'était fait et il ne regrettait rien. Mais il ne pourrait pas rester une minute de plus dans cette maison de nantis hypocrites et méprisants, dût-il se brouiller à nouveau avec Maddy… définitivement…

Quel calvaire que de tenter de seulement rester soi-même, quelle intense difficulté de se trouver soi enfin, le vrai soi, celui que nous sommes tous dans notre cœur, comment le trouver et surtout comment savoir s'il est bien ce que nous ressentons ? Est-ce vraiment possible d'appréhender le soi personnel et inhérent à chaque être ? Aurait-il besoin d'aide pour le trouver, le ressentir enfin, le libérer enfin ? Comment faire et était-ce réalisable ?

Lui faudrait-il le support d'un psychanalyste pour réussir cet exploit, ou bien d'un praticien en médecine douce et plus ou moins ésotérique, comme la sophrologie ou la kinésiologie ? Lui faudrait-il entamer un parcours énigmatique par la méditation ou la conscience intérieure ? Ou plus véritablement serait-ce à lui-même de trouver cette entité intrinsèque tout au fond de son âme, quitte à ne jamais réussir et se perdre totalement dans les limbes de sa conscience ou pire, son subconscient ?

La nuit tomba rapidement et tout en gardant dans un petit recoin de ta tête toutes ces réflexions essentielles pour la suite de sa vie, il repartit en direction de la villa des parents de Maddy. Il passa le portail, longea le mur et entra dans la chambre prévue pour eux par la grande baie vitrée laissée entrouverte. Il referma sa valise qu'il n'avait pratiquement pas utilisée et, se retournant pour partir par où il était entré, Maddy ouvrit la porte de la chambre en poussant un « oh » de surprise.

— Ah, c'est toi, fit-elle. J'ai eu peur… mais qu'est-ce que tu fais ?

— Je rentre chez nous, je te laisse les clés de la voiture, continue tes vacances comme prévu, comme si de rien n'était, je prendrai le train pour repartir demain. Tant pis si je galère pour les correspondances à Paris, c'est toujours mieux que de se sentir non désiré ici…

— Mais non, tu restes… tu vas dormir où, cette nuit ? Reste et on en reparle demain matin, je t'en prie.

Byron se coucha peu après sans dormir et Maddy, après avoir aidé sa mère pour la vaisselle et le rangement, entra dans la chambre, vérifia que son homme était bien resté, se démaquilla dans la petite salle de bains attenante, enfila une nuisette légère qu'elle avait amenée dans l'optique d'aguicher son homme durant ces petites vacances, ce qui maintenant semblait bien compromis.

Elle s'étendit à côté de lui, mais ne sachant pas s'il dormait, n'osa pas le toucher, de peur de déranger son sommeil. Mais Byron ouvrit les yeux et prit une de ses mains dans la sienne. Ils restèrent ainsi quelques minutes et Maddy rompit le silence :

— Je suis touché que tu aies dit de si gentilles choses à mon propos tout à l'heure.

— Ce n'est que la vérité, et c'est ce que je ressens toujours pour toi.

Elle se tourna vers lui et caressa ses cheveux mais Byron la prit soudain par les hanches et la positionna sur lui, tout en caressant le voile transparent de la nuisette indécente. Sa bouche mordilla les seins qui pointèrent instantanément tout en passant ses mains sur les hanches de la belle qui se dandinait lascivement. La nuisette vola par terre, laissant le corps nu de Maddy aux assauts de Byron, lui guidant ses cuisses vers l'objet de leur plaisir imminent et elle se laissant faire. Le silence de la chambre et de la nuit ne fut alors brisé que par leurs gémissements doux et affectueux, les deux corps enlacés, emmêlés, en sueur et libérant leurs frustrations et leurs désirs à l'unisson.

Cette nuit d'amour intense n'empêcha pas Byron de partir de la maison des parents de Maddy le lendemain matin à l'aube, sans déjeuner, sans les saluer. Il voulut faire du stop pour atteindre la gare mais Maddy insista pour l'emmener. Elle le déposa avec sa petite valise, des larmes aux yeux et Byron l'embrassa tendrement en tentant d'apaiser son chagrin.

— Je suis obligé de rentrer Maddy, je ne peux pas rester avec tes parents qui ne m'aiment pas…

— Oui, je comprends mais ça fait bizarre de te voir partir tout seul comme ça…

— Profite de tes vacances, de la plage, de ta famille, prends soin de ton corps de rêve et on se retrouve tout bientôt, rien n'aura changé entre nous.

Ils s'embrassèrent à nouveau longuement et Byron sortit de la voiture après un dernier signe de la main, tendre et amoureux. Maddy le regarda s'enfoncer dans le bâtiment de la gare et fondit en larmes, à cause du vide qu'il laissait et par la colère qu'elle éprouvait contre ses parents, qui de fait venaient de gâcher leurs vacances dont ils auraient eu bien besoin pour se ressourcer.

***

Du côté de Saint-Malo, le reste du séjour de Maddy se passa comme si rien d'important n'était apparu, à part que personne ne parlât plus ce qui était arrivé, et Byron fut complètement absent de toutes les conversations entre elle, son fils et ses parents. Maddy tenta d'oublier l'étrange situation et le malaise ne partit pas totalement de son cœur. Comme si elle redoutait une décision de son compagnon, radicale et sans compromis, comme il se comportait maintenant. Et si une rupture s'annonçait, à cause des choses extérieures et non de leur amour qui était toujours vivace mais de plus en plus contraignant quotidiennement.

En Bourgogne, les choses furent bien plus complexes et moins sereines. À peine arrivé après une dizaine d'heures interminables entre retard de train et attente dans la gare de Lyon pour une improbable rapide correspondance, il rentra chez lui en taxi et dormit dix heures d'affilée. Le lendemain, il partit tôt pour passer quatre rendez-vous prévus depuis un moment à la clinique la plus proche, en vue d'examens neurologiques poussés et ophtalmologiques. Puis un examen cardiaque complet et un check-up sanguin. Il n'aurait aucun résultat avant septembre, à part pour la prise de sang et une des IRM. Les papillons ou les oiseaux imaginaires devant ses yeux ne lui laissaient que très peu de répit dans une journée et il en devenait obsédé, inquiet et plus irascible que jamais.

Sa solitude soudaine et volontaire de ces quelques jours fut mise à profit pour réfléchir à l'avenir de son couple et sa rentrée professionnelle en plein mois d'août, là où la France active se meurt, désertée et improductive. Des changements restaient primordiaux, et semblaient inhérents à son bien-être intérieur. En faisant un peu de ménage et de rangement, il entra dans la chambre de Nathan et ouvrit quelques tiroirs et les portes des placards. Outre ses habits que sa mère pliait et lavait très soigneusement, il voyait pléthores de choses un peu désuètes comme quatre règles différentes, des dizaines de crayons, de vieux magazines d'adolescent barbouillés, des boîtes de jeux vidéo vides, deux lecteurs MP3, un téléphone obsolète et des dessins étranges. Sous le matelas, il découvrit quelques revues de sport et deux érotiques. Il les feuilleta toutes et se remémora au même âge, ses hormones aussi vivaces et frémissantes, ses premiers émois amoureux, ses premières giclées sur les draps qu'il tentait vainement de cacher à ses parents avec d'autres tâches comme du chocolat ou du soda.

Bien sûr, pendant ces quelques moments en célibataire, son bar se vida en trois jours – whiskey, vodka, bière, Martini, Cognac, tout y passa – et il dut acheter de nouvelles bouteilles qu'il sirota jusqu'à ce qu'elles eurent l'air entamées depuis longtemps. Il réalisa que son comportement ressemblait à s'y méprendre à celui d'un alcoolique invétéré et se haït lui-même, à nouveau, dans un délire d'ivresse totale.

***

Maddy arriva le dimanche soir suivant, accompagnée de son fils taciturne, qui rentra directement dans sa chambre en peinant à dire bonsoir à Byron et ne pensant même pas à aider sa mère pour les bagages. Byron se retint de dire « Petit con ! » mais ne pensa qu'à sa compagne et à ce qu'il désirait enfin lui dire, après quatre jours de réflexion.

Les quelques valises rangées et le linge sale engouffré dans la machine, ils s'installèrent dans la salle et dégustèrent le repas qu'avait concocté Byron, lasagnes maison, salade de petits légumes frais et un Vosne-Romanée rouge premier cru. Il voulut aller chercher Nathan dans sa chambre mais Maddy le retint par le bras :

— Laisse tomber, il a ingurgité trois sodas, deux crèmes glacées et des bonbons sur le retour. Il a mal au ventre, donc énervé et fait la gueule.

« Comme tous les jours de sa vie ! » se retint-il de lancer en un sarcasme.

Ils rirent et mangèrent tranquillement. Maddy ne parla pas une seule fois de ses parents, elle lui raconta certaines balades, et la mer, et les huîtres qu'elle avait appréciées, et les poissons frais succulents, le vent et l'air marin toniques et vivifiants. Byron remarqua un léger bronzage orangé sur ses bras et son visage, ce qui l'embellissait un peu plus. Ils se caressaient les doigts et elle dit en fixant son regard :

— Ça va, toi ? Tu t'es occupé ?

— Oui, oui, j'ai fait un peu de rangement et des choses que je remettais à plus tard depuis tant d'années, du bricolage, du nettoyage, et j'ai enfin beaucoup dormi.

Byron voulut parler mais elle se leva et s'installa sur ces cuisses. Ils s'embrassèrent longuement et Byron la porta ainsi, ses jambes croisées autour de sa taille jusqu'à la chambre. Tout en la tenant, il lui retira sa culotte, défit la ceinture de son jean et la pénétra subitement contre le mur. Ils se laissèrent envahir par cette petite brutalité et lorsqu'il jouit en elle peu après avec force et rage, elle haleta :

— Je suis si désolée… Je t'aime… je suis avec toi, pas avec eux.

Ils s'étendirent sur le lit, elle, la jupe encore remontée laissant sa toison claire et éparse à découvert, lui, le jean encore sur les chevilles et le sexe un peu ramolli. Puis, elle reprit :

— J'ai vraiment aimé ce que tu as dit de moi l'autre jour, je n'ai eu de cesse d'y repenser. Je suis désolé que tu subisses les mauvaises réactions de mes parents.

— C'est fini, de toute façon. N'en parlons plus, je ne pense jamais y retourner. Mais j'étais sincère sur ce que je disais. Je n'ai jamais aimé quelqu'un autant que toi…

Elle le déshabilla entièrement et embrassa son corps, en ravivant son excitation. Elle voulut à nouveau faire l'amour mais elle ne réussit pas à durcir assez le membre de son homme pour qu'il puisse s'introduire en elle. Alors elle finit le travail avec sa bouche et lui la fit jouir de la même manière, dans une position des plus comiques, où leurs endroits intimes le plus habituellement cachés se tonifièrent de l'air ambiant sans vergogne aucune.

***

Ils passèrent une semaine de vacances ensemble à se reposer, vivant le plus clair de leur temps sur le canapé devant des films qu'ils n'avaient pas le temps de voir le reste de l'année et se payant des petits restaurants et des promenades à la nuit tombée, lorsque l'atmosphère devenait plus respirable. Byron semblait serein et pensif, et Maddy redoutait un retour de flammes, car elle sentait que plus rien ne serait comme avant entre eux, après l'altercation avec ses parents et la décision de Byron de ne plus jamais les revoir. Elle ne pouvait lui en vouloir, ils s'étaient montrés odieux avec lui et le comportement de sa mère s'était révélé inadmissible. Si le Byron d'antan était resté intact, les choses auraient pu passer sous un silence hypocrite et diplomate. Mais cet homme n'existait plus…

La veille de la reprise de leur travail respectif, Byron demanda à Maddy si elle se sentait heureuse ainsi. Elle ne sut quoi répondre et répondit un « oui » interrogatif. Il entreprit alors de lui exposer quelque chose d'étrange, tenter l'expérience de vivre séparément pour un temps, dans deux logements différents, mais en étant toujours ensemble.

— Tu me lances cela comme ça, aujourd'hui, alors qu'on a passé une semaine ensemble, comme de jeunes amoureux transis, où nous aurions pu en parler autrement et plus longuement…

— J'étouffe, Maddy, j'étouffe, je pense que je ne fais rien de bien, je sens que je ne te comble plus et je ne suis pas à l'aise avec ton fils. Je sens une tension de plus en plus importante, de son côté comme du mien, et je crains qu'à la prochaine dispute, je me rebelle trop brutalement, que tu te retournes contre moi et défendes ton fils, ce qui serait normal, et que toute notre vie de couple vole en éclat d'un seul coup. C'est pour cela, je pense que m'éloigner un peu de vous deux, de votre relation mère-fils, ferait du bien à tout le monde.

— Mais… mais… tu pourrais vivre comme cela, toi ? Tu as déjà prévu ton coup ? Tu as une autre résidence que tu as omis de me signaler ?

— Non, pas du tout, c'est juste une proposition à laquelle je réfléchis depuis quelques semaines. Mais si tu penses que c'est impossible, on oublie…

Ils en discutèrent encore un peu mais Maddy refusa cette perspective, qui pour elle marquerait le début d'une séparation annoncée.

***

Il avait toujours aimé venir au travail le matin, il n'avait d'ailleurs jamais compris ces gens qui peinaient à se lever de leur lit pour aller travailler quotidiennement. Lui n'avait jamais eu ce problème, il se sentait au contraire presque chargé d'une mission envers les sociétés qui l'employaient et aimait se sentir utile chaque jour par rapport aux tâches quotidiennes qu'il devait recouvrir.

Il aimait les gens aussi, se retrouver en groupe de collègues pour parler un peu du travail mais pas que, comme des millions de personnes travaillant dans une même entreprise et participant à la vie collective par des échanges d'idées et de points de vue, débordant parfois sur la vie privée et les goûts personnels.

Alors pourquoi cette aversion naissante depuis un moment et toujours croissante devant ses collègues dont il ne supportait plus les habitudes, les manies et les voix, la fainéantise de certains et l'égocentrisme des autres ? Pourquoi ressentait-il soudain un frein à ces jours défilant au sein de l'entreprise, réalisant que son emploi ne le passionnait plus et qu'il se sentait pour le coup inutile et creux ? Pourquoi ce dégoût pour toutes ces choses qui le ravissaient il y a seulement quelques mois ? Pourquoi ce changement soudain ? En voulant au plus profond de lui-même vivre selon ses envies et ses désirs, sans aucune contrainte ni compromis, il mettait des barrières au temps passé à son bureau, avec ses collègues, et il le sentait, à sa vie de couple qui lui semblait désormais trop routinière et sans saveur.

Peut-être était-ce pour cela qu'il regardait avec plus d'intérêt les autres femmes autour de lui, dont Océane et Valérie, alors que Maddy comblait toujours son amour et ses envies, par sa beauté, son intelligence, son charme et sa force de caractère. Mais un manque s'était introduit, comme un ver qui lentement creusait sa galerie microscopique pour atteindre un endroit précis afin de se nourrir et pousser tranquillement à son rythme. Un manque de liberté, un manque de renouveau, un manque de piment, de surprise. La quarantaine naissante faisait-elle son œuvre, la fameuse crise était-elle en train de lui tomber dessus ? Il manquait de passion, d'émerveillement, de challenge, tout semblait facile du côté matériel mais une soif d'émotions nouvelles se matérialisait en lui, inévitablement.

Se rendait-il compte que, finalement, sa bonne entente avec le monde et son intérêt pour son emploi n'étaient que résignation et fatalité, qu'il ressentait cette plénitude seulement parce que le système l'avait converti et qu'il pensait n'y avoir aucune échappatoire ? La vie l'avait-elle maté et formaté à ce point pour qu'il se suffise de ce qu'il avait sous les yeux, sans même penser à rêver ou imaginer autre chose de meilleur pour lui ?

Dans ce tourbillon existentiel, il réalisait petit à petit qu'il étouffait sous un poids incommensurable de conventions, de non-dits, de savoir-vivre idiot et d'incessants compromis. Sous prétexte de bien vivre en communauté et de ne pas perturber le confort de ses congénères, il était acculé à ne rien dire de trop, ne pas trop parler de ce qu'il ressentait, à bafouer une partie de la vérité, à brider ses émotions… Tout cela pour devenir lisse et sans âme, un homme auquel on aurait retiré la moitié de ses sensations, un demi-homme, une machine sans action et sans réflexion, juste bonne à exécuter ce que l'on attendait d'elle.

Mais quelle horreur ! Comment n'avait-il pas réalisé tout cet esclavage involontaire et sournois ? Comment s'était-il fait happer dans cet engrenage confortable et sans âme ? Et surtout, comment autant de vies humaines pouvaient accepter sans rechigner cet asservissement vil et contre la nature même de l'être humain ?

Alors plus les jours défilaient, sans rien à faire d'autre que de continuer toutes les tâches banales et répétitives, moins il supportait la méchanceté de certains collègues, le dénigrement qu'ils clamaient plus ou moins fort face à la société et à l'entreprise, et plus il se sentait outré de tous ces comportements d'irrespect qui le polluaient jour après jour. Était-il vraiment payé pour supporter tout ce fiel salissant, dégoûtant, qui finalement désagrégeait sa conscience professionnelle et son moral ?

Et cette sacro-sainte fidélité, à laquelle il avait toujours été attaché, lui semblant une obligation de respect et d'engagement dans un couple d'amoureux, pourquoi ressentait-il cette blessure, comme encore un manque d'expériences nouvelles à assouvir, d'aventures à vivre ? Maddy le comblait sur beaucoup de choses essentielles mais ce qu'il ressentait à présent n'était pas contre elle, elle n'avait pas la capacité de faire plus pour lui, il se délectait seulement de plus en plus de la démarche de ses collègues femmes, il restait le regard plus longtemps affirmé sur le postérieur d'Océane, dont il aurait bien aimé suivre les contours de ses propres mains, il était plus sensible au sourire éclatant de Valérie qui, sous son air timide, cachait peut-être tant de sentiments inavouables et inavoués, il se voyait souvent en train de déshabiller la froide Fiona, beauté glaciale sans expression aucune, mais tellement inaccessible, pour en révéler des cris de plaisir et réveiller sa chaleur humaine. Et que dire des longues jambes de Cheryl, dont il aurait bien voulu caresser la peau de velours, jusqu'à la naissance de son intimité. Même l'embonpoint de Laurie ne paraissait pas une entrave à ses fantasmes lorsqu'il s'imaginait caresser cette graisse gênante et enfoncer son sexe dans le sien, si tant est qu'il pût le trouver et y accéder.

Il s'en voulait de penser à toutes ces femmes qu'il aurait aimé embrasser et avec qui il désirait vivre des folies sexuelles, mais il oubliait sa culpabilité en se disant qu'il n'aurait jamais l'occasion d'effleurer le moindre centimètre de peau de ces créatures lointaines et si proches pourtant. Une frustration de plus, des délices interdits parmi tant d'autres. Il pensait même parfois placer Maddy dans ses désirs charnels et s'il avait pu franchir le pas de proposer quelque chose à l'une d'entre toutes ces femmes qui l'intéressaient, et qu'au moins une acceptait l'expérience, qu'aurait pensé Maddy de sa demande ? L'aurait-elle pris pour un pervers, un insatisfait, un goujat ? Ou aurait-elle accepté l'expérience à trois à son tour ?

Ces désirs enfouis et ces sautes d'humeur surgissaient à présent au grand jour et l'empêchaient de raisonner aussi justement que d'habitude. Lui qui avait toujours contrôlé ses envies, sa raison, lui qui avait toujours été vertueux et raisonnable et un peu trop sérieux, cette accumulation de frustrations minait son moral et lui faisait penser qu'il était passé à côté de tant de choses, et qu'il devait se rattraper, avant qu'il ne fût trop vieux ou trop pris dans le système écrasant de la communauté des humains civilisés et urbains pour pouvoir s'en délecter.

Il avait vu le trouble que son baiser un peu déplacé sur le pied de Cheryl avait provoqué sur elle, et peut-être si elle n'avait pas été mariée avec deux enfants à charge, dont un à peine sorti des limbes, elle l'aurait encouragé à aller plus loin. Devait-il s'amuser à donner des indices à ces potentielles camarades de plaisir au cas où une d'entre elles fût intéressée et demandât à tenter l'expérience ? Était-ce sain, cela faisait-il partie de son envie d'être libre ? Libre à tout prix et sans contrainte, était-ce vraiment le prix du bonheur absolu, le but de son changement intérieur ?

Au fond, tout cela n'était-il pas dû à un malaise plus grand, plus profond que chaque être humain cache au fond de lui, qui pour certains semble plus exacerbé que d'autres ? La recherche du bonheur et du bien-être et l'incompatibilité que nous avons tous plus ou moins avec notre monde actuel ? Dans son infime utilité et personnalité au sein du monde immense, la poussière se prénommant Byron a-t-elle sa place dans cet espace vertigineux et insensé ? Et chacun d'entre nous est-il vraiment à la bonne place ?

Personne n'a décidé de qui il est et où il doit être, tout est fonction du lieu de naissance, de l'époque, de l'éducation des parents ou d'autres institutions, du caractère de chacun, et des affres ou des joies subies et vécues dans chaque existence. De là vient une osmose avec son environnement ou au contraire une révolte et une incompréhension par rapport à la réalité de sa propre vie. Et Byron en était là… peut-être du fait de la perte subite et successive de ses parents, la vie avait alors inconsciemment pris un autre goût en lui, les priorités avaient changé, et il ne le ressentait que maintenant. Il ne voulait simplement plus être contraint de faire ce qu'il ne voulait pas faire, en tout cas, au mieux qu'il puisse contrôler.

Alors, libre ! Être libre, devenir plus libre ! S'arracher du carcan du travail à tout prix, alimentaire même pourvu qu'il nous fasse vivre, cela vaut-il la peine de rester toujours à la même place ? Cette recherche de liberté n'engendre-t-elle pas la volonté d'explorer d'autres territoires justement ? Fallait-il partir, démissionner encore pour renouveler ses horizons ? L'herbe est parfois plus verte ailleurs, mais on ne sait pas toujours ce qu'on pourra y semer et récolter.

***

Byron en était à sa quatrième entreprise et trouvait ce changement d'emploi bénéfique et enrichissant pour son poste actuel. Mais comment faisaient ces gens qui passent leur vie professionnelle au même poste, dans la même boîte, avec les mêmes collègues, et en pestant de plus en plus contre leur situation à mesure que l'âge de la retraite approchait ? Comment arrivaient-ils à se regarder dans le miroir, ou s'écouter parler à ressasser toujours les mêmes termes, les mêmes colères, les mêmes frustrations année après année sans se remettre en question, sans réaliser ni même réfléchir à ce qu'ils pourraient faire d'autre, de différent s'ils y pensaient un peu mieux ? Comment pouvaient-ils vivre cette vie lente et fade ? Ne changent-ils pas de lieu de travail parce qu'ils n'osent pas, parce qu'ils craignent de se lancer dans l'inconnu, ou tout simplement parce que ça ne leur traverse même pas l'esprit ?

Byron regardait parfois des documentaires sur les gens qui plaquent tout et décident de vivre leur rêve, qui pour certains partent au bout du monde, quitte à se mettre en danger financièrement. Le romantisme du propos le séduisait au fil des images et des explications mais il se rendait compte que seule une infime minorité était représentée, en ce sens que ceux qui se plantaient royalement et perdaient tout étaient tus au grand public. Nonobstant la réalité de ses réflexions, il se délectait de cet ancien agent d'assurances qui avait entrepris une formation de tailleur de pierres à quarante-cinq ans, de cette infirmière qui avait embarqué son mari et ses deux enfants pour ouvrir un hôtel de luxe en Thaïlande, il appréciait ce mécanicien automobile qui avait créé une pâtisserie à New York et qui après s'être imposé comme fin artisan, se trouvait maintenant réputé sur toute la côte Est des États-Unis.

Et encore cet employé de banque qui avait économisé quinze ans et faisait maintenant le tour du monde accompagné de sa femme, de son fils adolescent et de ses deux filles encore enfants. Ou cette institutrice qui avait monté une maison d'hôtes pittoresque au milieu des forêts denses et chaudes du Périgord Noir…

Et lui ? Que ferait-il s'il décidait de tout plaquer ? Serait-ce le temps de reprendre les rêves de ses jeunes années, ouvrir un magasin d'instruments de musique, comme il avait manqué de le faire de peu avec un vieil ami, il y avait quinze déjà… Quinze ans que cet ami très cher avait décidé de ne plus lui donner signe de vie du jour au lendemain, prétextant que sa compagne de l'époque ne voulait pas qu'il se lance dans ce genre d'entreprise. Qu'en était-il maintenant ? Était-il toujours avec cette pétasse à grande gueule et aux gros nichons ? Sinon, regrettait-il son geste ? Avait-il essayé de retrouver Byron pour relancer la flamme de l'amitié, et de ce fait de leur entrepreneuriat ?

Une autre tentation germait dans son esprit depuis quelque temps, reprendre des études de mécanique pour s'occuper de motos, sa grande passion, quitte à s'expatrier un temps. Ou même partir pour d'autres pays où certaines bécanes étaient légion et d'autres, plus rares qu'ici. Maddy comprendrait-elle ? Prendrait-elle ce changement pour une énième lubie d'adolescent attardé ? Et pourquoi s'en souciait-il, comme pour se mettre un frein avant de démarrer ? Pourquoi se trouvait-il toujours des choses, des pensées ou des personnes qui vous empêchent de rêver, ou qui brisent le fil d'un autre avenir possible ? Encore des compromis, agir en fonction des autres, même de ceux que vous appréciez le plus. Tout cela semblait sans issue et bloquait ses rêves, ses désirs, et nourrissait jour après jour ses frustrations.

***

Le travail reprit pour tous les deux et une nouvelle routine s'installa. Byron, malgré sa volonté de garder raison et de ne plus engendrer d'esclandre, de tout faire pour supporter son entourage, eut bien du mal à ne pas répondre aux continuels soubresauts et éclats de voix d'Amaury et d'un autre collègue aussi mauvais mais plus sournois, de taire ses réflexions à l'encontre de l'institution et de la hiérarchie soi-disant impartiale et omnipotente.

Petit à petit, lentement, imperturbablement, les jours passaient à nouveau et la patience de Byron s'amenuisait. Une impression de redondance malsaine s'installait tous les matins et restait gluante jusqu'au milieu de l'après-midi. Était-il vraiment prêt à supporter ce même travail qui se répétait à longueur de semaine et de mois jusqu'à sa retraite lointaine ? Serait-il assez fort moralement pour subir ces petites agressions répétitives, comme ces palabres sans fin de collègues plus ou moins loin de lui, ces mails secs et hautains des instances supérieures de l'entreprise, des règles strictes à respecter, des clients de plus en plus insatisfaits et verbalement violents ? Combien de temps supporterait-il de reluquer les fesses rebondies de certaines de ses collègues qui lui plaisaient avidement, et surtout l'une d'entre elles, la fatale Cheryl dont l'attirance avait l'air d'être réciproque, combien de semaines encore s'empêcherait-il de la coincer dans une salle de réunion vide et obscure, pour lui prouver son désir qui gonflait jour après jour ?

Serait-il assez longtemps raisonnable pour essuyer les humeurs de ses collègues de proximité qui l'empêchaient de travailler sereinement ? Combien de temps pourrait-il encore réprimer l'irrésistible envie d'arracher les cheveux d'Amaury et lui taper la tête contre le bureau pour qu'il cesse enfin de parler, que sa bouche remplie de pourritures à l'attention d'autres collègues, de clients et de la boîte même se ferme une fois pour toutes, pour qu'il arrête de se vanter de travailler plus et beaucoup mieux que le reste du monde et de déclamer que s'il n'était pas là, la boîte s'effondrerait ? Supporter la méchanceté de cet autre collègue, misanthrope et mauvais comme la peste qui vomit sa haine des gens et de la société sur son travail et ses autres collègues, qui eux tentent de faire leur travail du mieux qu'ils peuvent dans cette ambiance dépravée et bourrée de mauvaises énergies, lourdes comme du plomb, attaquant insidieusement le moral des personnes alentour ?

Continuer à voir l'aveuglante inertie de son manager devant tant de bêtise et d'agressivité ? Et cet autre qui n'a de cesse de lancer des phrases ambiguës et piquantes à tout-va ? Et celui-ci qui ne répond à aucune urgence, qui se prélasse dans son poste à gros salaire, mais dont la fonction principale reste tout de même d'assister le moindre problème de ses acolytes ? Et cette chieuse au physique ingrat qui monopolise la parole pour ne parler que de sa vie loin d'être trépidante et de ses enfants semblables aux millions d'autres enfants sur terre, répétant toujours les mêmes phrases et événements censés être incroyablement passionnants sur ses expériences professionnelles passées, et qui compte sur le caractère « gentleman » des hommes autour de son bureau pour écouter ce qu'elle raconte tout en fixant son décolleté ambitieux et ses cuisses potelées souvent à peine ornées d'une jupe légère et plus que courte ?

Et toute cette comédie insupportable lorsqu'il se rend aux toilettes pour choisir un cabinet sans qu'il y ait d'immondes traces de merde de ces collègues, qui parfois remontent jusqu'au battant en plastique ? Les hommes chieraient-ils debout et la tête en avant ?

Non, il se disait qu'en réagissant ainsi, c'était le début de l'engrenage, sans fin et sans amélioration possible. L'enfer serait enclenché, il se voyait parfois en bourreau maléfique et pervers, ou encore en maître de cérémonie dans des scènes terribles, sanguinolentes et affolantes pour son esprit pourtant calme, serein, patient et habituellement diplomate.

Mais il changeait, il le savait et la plupart de ses connaissances, sa compagne en premier, ne manquaient pas de lui faisait savoir régulièrement, comme si cela les gênait de le voir différemment, comme si cette habitude de voir cette personne tous les jours ne devait pas se modifier, ni en mal, ni en bien d'ailleurs… Comme si personne ne devait jamais changer de comportement, comme si on ne nous connaissait que par notre seule attitude et notre seul caractère acquis à l'âge adulte et qu'il nous était interdit, par quelque loi communautaire obscure, de déroger à cette règle sociale. Nous sommes finalement, envers et contre nous, ce que nous faisons apparaître et si nous avons le malheur de modifier notre chemin, l'incompréhension s'installe, le jugement aveugle bat son plein et la sanction de la mise à l'écart du groupe tombe brusquement sur nos épaules. Et si cet individu changeait uniquement en mieux par rapport à leur définition du « mieux », cela gênerait-il autant toutes ces personnes bien pensantes et si « parfaites » ?

Oui, il changeait, depuis ce fameux matin où il s'était levé, apparemment comme tous les jours mais en ayant ressenti autre chose. Un intrus en lui, dans son cerveau, dans son appréciation de la vie… Une chose en plus, qui gêne, ou qui contraint, ou alors qui ouvre enfin une porte sur une jolie cour intérieure, cachée aux yeux de tous depuis des lustres et qui resplendit de nouveauté sur le vrai but de sa vie. Serait-ce cela le détachement absolu, ou bien la folie ? N'y avait-il pas une forme d'égoïsme exacerbé à désirer changer totalement de nature, à retravailler ce qu'il était profondément depuis sa naissance, ou du moins depuis la fin de l'adolescence ? N'y trouverait-il pas que désillusion et résignation devant la rudesse de la tâche ? Si le mur d'esprits fermés et d'yeux réprobateurs devant lui n'acceptaient pas qu'il change, que se passerait-il alors ? Deviendrait-il un paria, un asocial, un misanthrope comme son attardé de collègue qu'il supportait tous les jours dans son dos, un intrus dans leur monde et leur bulle si ronde, si limpide ? Réaliserait-il l'impossibilité de sa besogne et se rangerait-il à nouveau au milieu de la masse insipide et sans plus aucune liberté individuelle, quitte à se résigner et à se rendre malheureux jusqu'à la toute fin de sa vie ? Le conformisme serait-il l'obligation pour vivre le mieux possible ensemble ?

***

Certains samedis, Byron sortait tôt le matin et allait boire son café dans un troquet non loin de chez lui et il croisait souvent les mêmes personnes dont certains le saluaient automatiquement. Un homme en particulier l'énervait à chaque fois car il tirait toujours fortement sur la laisse de son chien, un berger australien tout mignon qui peinait à le suivre et manquait à chaque fois de s'étrangler. Un jour pas comme les autres, Byron le vit arriver de loin et le type un peu bourru se retourna sur son chien en lui criant dessus et lui assénant des coups de laisse sur le museau. Byron traversa la rue en manquant de se faire renverser par une moto et se planta devant l'homme.

— Arrêtez de taper votre chien, je vous en prie !

— Hé, tu te mêles de quoi, toi ?

— Je me mêle du bien-être de votre animal. Si vous ne l'aimez pas, donnez-le à quelqu'un qui pourra s'en occuper correctement, mais arrêtez de lui taper dessus. S'il ne vous obéit pas assez, faites-le dresser, ou donnez-le à quelqu'un qui l'aimera…

— Hé, c'est bon, je fais ce que je veux avec mon chien… Tu te crois où, toi ?

Byron se sentit brûler de l'intérieur et sans réfléchir, plaqua l'homme contre le mur et lui bloqua la respiration par le coude sous la pomme d'Adam.

— Je te préviens, puisqu'apparemment on se tutoie, si je te vois à nouveau maltraiter ton chien ne serait-ce qu'une seule fois, je ramasse des pierres et te les lance sur la gueule. Ok ? Je te vois tous les samedis, je ne te raterai pas, sois-en sûr !

L'autre voulut se débattre mais devant les yeux empreints de folie de son assaillant, il se calma et opina. Byron défit son étreinte, se baissa pour caresser le chien et lança un dernier regard à son maître, dont la couleur de visage avait soudain tendance à se délaver.

Il le regarda partir et reprit sa promenade sans aucun état d'âme. Il lui était insupportable qu'on puisse prendre un animal de compagnie, ou tout autre être vivant même sauvage, et passer son temps à lui crier dessus et le frapper pour qu'il se taise. C'était le comble de la lâcheté et ces personnes étaient légion dans cette société de l'être humain supérieur à toute chose. Alors à sa propre infime échelle, il espérait, peut-être naïvement, avoir contribué au bien-être d'au moins un chien de plus dans la ville.

***

Les jours et les semaines passaient imperturbables, insolentes, vindicatives et Byron s'ennuyait, plus rien ne le motivait au travail, il réalisait qu'il passait de plus en plus de temps à régler des litiges de prix et de livraison avec les clients que d'enregistrer des commandes et faire gagner de l'argent à sa société, et à lui-même aussi. De plus, la concurrence entre collègues s'accentuait et il lui fallait perpétuellement montrer les crocs pour ne pas se faire dépasser ou voler une affaire. Il devait rester sur ses gardes à chaque rumeur, prêt à enrayer un coup bas de ses collègues. Il n'avait pas signé pour cela et toute cette ambiance de conflit et d'adversité le répugnait d'une telle force qu'il commençait à ne plus avoir envie de se lever le matin pour aller travailler, ce qui ne lui était jamais réellement arrivé.

***

Byron fêta ses quarante ans en petit comité, entouré de ses quelques amis proches et des connaissances de Maddy. Ils avaient loué un petit chapiteau en pleine campagne et son groupe les Rocks on Roads organisèrent un petit concert intimiste pour l'occasion, armé d'un groupe électrogène, d'une sono puissante et de rampes d'éclairage dignes d'un petit festival de musique. Belle ambiance, belle fête, beaucoup de rires et de décontraction, la journée s'étira jusqu'à la nuit, gardant tout de même la moitié des convives debout ou presque pour quelques notes tardives de musique lancinantes et sans prise de tête.

Lorsqu'ils eurent rangé tout leur matériel lourd et imposant dans leurs camions respectifs, vers deux heures du matin, il ne resta plus que les musiciens, leurs compagnes et deux amies de Maddy, assis à des tables à peine disséminées dans cette petite forêt proche de la ville. Nous étions fin septembre et l'air était encore estival, propice à quelques dernières soirées extérieures conviviales. Byron avait été raisonnable sur l'alcool et Maddy tint à le féliciter car elle eut pensé le ramasser ivre mort, à plat ventre sur l'herbe à divaguer sur le sens de son existence une fois encore. Ils rirent en visualisant la scène. En revanche, il avait bien recommencé à fumer, son ancienne addiction avait fait un retour dans son corps depuis un temps certain et ne semblait pas le quitter.

Puis les toiles des tentes se fermèrent les unes après les autres et la nuit fut remplie de ronflements tonitruants épars, ne dérangeant que si peu la vie nocturne de la nature environnante. Parfois, une fermeture éclair se faisait entendre et quelqu'un allait uriner près d'un arbre un peu plus loin, manquant de s'écrouler sur une tente voisine, à cause d'une absence totale de visibilité et par excès de breuvages liquoreux de fin de soirée. La suite de la tentative pour rentrer silencieusement dans la tente était souvent suivie de grognements féminins à l'encontre du maladroit. Le dimanche se passa en plus petit comité, sans musique, plus calme et moins festif, ce qui convint à tout le monde.

***

Vers la fin de l'année, Byron avait passé tous les examens qu'il avait demandés et subis : scanner, IRM, bilan sanguin, recherche de marqueurs cancéreux, électroencéphalogramme, recherche d'infections, de bactéries, de virus latents, tests neurologiques poussés, bilan ORL et de la vision, ponction lombaire… Tout était sorti impeccable, un spécialiste lui avait recommandé de prendre rendez-vous vers un psychothérapeute, dernière ligne droite pour peut-être comprendre la raison de ces troubles et de ces choses volatiles qui tournoyaient de plus en plus autour de son être. Il ne franchit jamais le pas.

Les semaines qui suivirent le virent redoubler de vitalité, d'énergie et de gentillesse envers son entourage, même pour les êtres qu'il n'appréciait pas. Son entrain allait un peu trop loin avec ses supérieurs et quelques collègues qui ne voulaient qu'être concurrents et non sympathiques ni complaisants. Il avait refait une tentative de discussion sur une vie séparée auprès de Maddy, qu'elle avait une seconde fois déclinée, pensant de plus en plus qu'il désirait entamer une vie à côté d'elle, en plus d'elle.

***

Comment vivent profondément les gens qui font du mal aux autres, en actes ou en paroles, pour se comporter normalement, sans états d'âme ? Sont-ils finalement heureux d'être ce qu'ils sont ? Sont-ce en fait les plus heureux des êtres vivants ? Et ont-ils même conscience de leur méchanceté et leur désobligeance ? Comment se voient-ils le matin ou le soir dans le miroir de leur salle de bain, seuls avec leur être nu, sec et vide ?

Comment font-ils pour se supporter et ne pas réagir qu'ils sont le seul problème, comme ce collègue de Byron, misanthrope et critique envers tout ce qui se passe, n'hésitant pas à insulter certains corps de métier et se permettant de penser que certaines personnes ne servent à rien ? Comment peut-il retrouver sa femme et ses gosses le soir et ne pas se dire « j'ai vraiment été injuste aujourd'hui, ou j'ai été très con, ou même j'ai été trop impulsif, je n'ai pas réfléchi… ».

Restent-ils comme cela jusqu'à leur retraite, qu'ils attendent comme s'ils découvraient le Saint Graal, et alimentent-ils leur médiocrité et leur bêtise même jusqu'à leurs derniers jours sur Terre, à passer leur temps exclusif à critiquer les autres, le système, leur pays, leurs voisins et les politiques passés et présents, sans jamais être satisfaits, et ne jamais se remettre en question, en pensant que toujours la raison leur appartient ? Mais comment font-ils pour vivre sereinement ? Sont-ils finalement si sereins ? Ne sont-ils pas en proie à leurs propres démons et utilisent-ils la méchanceté et l'agressivité pour se protéger contre toute force extérieure, qu'elle soit bonne ou mauvaise ? Ne sont-ils pas finalement si creux que toutes ces réflexions n'atteignent jamais leur conscience, si bien qu'ils vivent jour après jour sans réfléchir autant, et qu'ils ne pensent (à moins qu'ils ne pensent pas du tout…) qu'à ce qu'ils font seconde par seconde, en mode automatique et primaire ?

Byron voyait défiler ces réflexions devant lui en scrutant les visages et les comportements de ses collègues, ou lors de repas entre amis ou de ses promenades en ville. Il se demandait pourquoi certains se comportaient comme des gens tellement imbus d'eux-mêmes pendant que d'autres passaient leur temps à sourire et à tendre une oreille à qui voulait parler sans contrainte.

Son manager par exemple était un homme à l'allure bonhomme et semblait jeune d'esprit mais qui du fait de sa fonction paraissait forcé à rester ferme et parfois sans compassion pour la marche de son service au sein de l'entreprise. Son collègue Amaury fougueux et totalement hors de contrôle ne devait pas beaucoup dormir la nuit, si son sommeil ressemblait à son activité physique le jour, son corps et son esprit ne devaient pas trouver beaucoup de repos. Le chanteur des Rocks on Roads était également l'archétype du mec orgueilleux mais ne vivant que par les yeux des autres, le genre de personne qui se trouve totalement perdu lorsqu'il est seul, en cela il avait bien trouvé sa femme qui le montait sur un piédestal à longueur de temps, son ego en était bien heureux, mais la vérité était qu'il n'était pas si bon, ni si intéressant, ni si talentueux, et que cette absence de perfection et de talent lui faisait du tort jour après jour et le décrédibilisait aux yeux de pas mal de monde, en tout cas aux yeux de Byron. Ou encore celui un peu plus loin du bureau qui porte la misère du monde sur le visage, ne parlant qu'à très peu de monde, semblant toujours dépité de tout ce qui l'entoure, ou celui-ci qui a passé les dix dernières années à changer maintes fois de travail, changeant d'entreprise au bout de deux ans car s'ennuyant, ayant apparemment fait le tour de la question et pensant qu'il ne serait jamais comblé par son travail parce qu'il est un éternel insatisfait, matériellement et humainement. Mais n'était-ce pas un peu le profil de Byron, se disait-il en lui-même ?

Lors d'une réunion commune entre plusieurs services, Byron s'ennuyait encore à mourir, comme de plus en plus souvent, et il détailla encore et toujours les personnes qu'il avait sous les yeux et qui l'intéressaient un tant soit peu. Tout devant était installée Carole, petite boule de nerfs au verbe intarissable, toujours le front plissé, à la recherche de tout un tas de questions plus que de réponses, ayant toujours l'air de vouloir absolument comprendre des choses, même les plus simples, comme pour se rassurer que rien ne lui échappait. Pas loin à droite, Océane bien sûr, belle petite fée sexy mais lointaine avec les hommes, toujours l'air détaché et serein, le stress ne faisant pas partie de sa vie et l'angoisse du travail mal fait ne lui causant d'ailleurs aucune migraine. Non pas que ce fut une mauvaise commerciale, loin de là, mais elle pensait toujours qu'elle ferait mieux les lendemains de jours toujours aussi médiocres et sans grande amélioration dans ses tâches professionnelles.

À côté d'elle se trouvait Christiane, forte femme d'une cinquantaine d'années, la comptabilité se lisant sur son visage cerné et sans expression, comme si son métier avait bâti un masque de cire sur sa peau, et quand elle parlait, sa voix semblait monocorde et presque éteinte. Peut-être avait-elle eu de graves soucis dans sa vie et qu'il n'y avait pas que son métier qui l'affectait. On ne connaît jamais les gens en profondeur… Élodie ensuite, cheffe de magasin, le regard fixe et rigide, un beau visage aux traits fins, jamais maquillée et jolie au naturel, les cheveux cuivrés mi-longs, qui aurait pu être avenante et sympathique alors qu'elle restait distante et froide devant chaque interlocuteur et chaque tâche. Une énigme pour Byron, qui ne savait jamais comment lui parler. Parfois, elle était étrangement désireuse de communiquer et posait des questions aux gens même en dehors du cercle de l'entreprise et l'instant d'après elle rentrait dans sa carapace et répandait ses yeux de glace sur son environnement en silence.

Derrière lui se trouvait une jeune comptable, jean et pull à longueur d'année, les cheveux longs châtains et très lisses, semblant toujours à l'affût d'une parole pour ne pas être prise au dépourvu lorsqu'elle aurait à parler. Il la voyait seule dans un petit studio, à faire sa vie à la sortie de la faculté, toute fraîche, sans beaucoup d'amis mais encore fragile face au monde de l'entreprise. Puis ses yeux se posèrent sur cette grande brune jolie comme un cœur et somme toute inaccessible… Cheryl, aguicheuse à souhait, un corps parfait, des jambes à tomber et un sourire flamboyant. Ses petites lunettes fines cachaient à peine le brun clair de ses yeux doux mais Byron la voyait soit comme une femme fatale, soit comme un être timide qui n'a pas conscience de sa beauté. Il avait toujours eu du mal à la cerner et en plus à l'aborder, à part un sursaut de vigueur unique. S'il avait été célibataire, aurait-il eu le courage de la courtiser ? Elle attirait tous les hommes de l'entreprise, sans que beaucoup de courageux n'osent lui lancer un « Bonjour, ça va bien ? » franc et engageant. Cheryl était le genre de femme dont on enviait le mari, en pensant à la chance qu'il avait d'avoir une telle créature dans sa vie, dans sa maison, dans son lit… Et comme si elle avait capté ses pensées déplacées, elle se tourna vers lui et lui décocha son plus beau sourire de ses lèvres finement dessinées. Il lui rendit comme il put, en rosissant à peine. Comme il aurait aimé caresser ses longs mollets, ses cuisses musclées dessinées par des bas fins, découvrir ses hanches fines et se noyer dans les profondeurs de ses délices cachés.

Les hommes étaient singuliers aussi, comme le grand coq qui devait passer autant de temps dans sa salle de sport qu'au travail, à sculpter son corps, à affiner sa silhouette, perfectionner sa coiffure et ses vêtements, assurer sa démarche à s'en tordre la raie du cul, au risque de passer pour la folle de service, ce qu'il n'était assurément pas.

Il y avait également les deux vieux de la troupe, inséparables comme les deux Muppets en haut de leur loge de théâtre, à moraliser et pester contre cette jeunesse qui ne savait pas bosser comme eux, car c'était toujours mieux avant, de leur temps. L'un était le chef de l'autre et passait ses quelques dernières années d'emploi à parcourir les couloirs avec des dossiers sous le bras ou son ordi portable, en se faisant bien voir pour qu'on croie qu'il était toujours débordé, mais personne n'était dupe, car il faisait à présent partie du décor.

Derrière lui se trouvait Armand, célibataire endurci qui ne pensait et ne vivait que pour son travail, très sérieux, très droit dans ses actes et ses mails, mais qui parfois se lâchait un peu en disséminant quelques traits d'humour au gré de son humeur et des personnes choisies. Puis quelques grandes gueules aux alentours, comme ce responsable marketing qui ne pouvait parler qu'à très haute voix en se la jouant superviseur de tous les travaux finis, plus jeune et plus cool que son caractère réel, et qu'on ressentait bien morne et fade quant aux paroles sans intérêt qui sortaient de sa bouche. La plupart de tous ces êtres devenant parfois fantomatiques ne laissaient pas de signes particuliers et traversaient les couloirs de la vie sans anicroche ni signes particuliers.

Il y avait également la chef de la comptabilité, grande femme proche de la retraite, droite comme un « i » et ayant toujours l'air au courant de tout et faisant comme si tout allait le mieux du monde et que rien n'était si grave que cela – alors qu'elle n'avait rien connu d'autre que son petit bureau et ses petites tâches depuis quarante ans, sans sortir de son service et ne côtoyant presque jamais d'autres employés que ses ouailles. Byron s'amusait parfois à dévisager toutes ces personnes qu'il croisait dans la journée et se demandait avec une autodérision assumée si d'autres faisaient la même chose et ce que lui-même leur donnait à penser, et comment ils le percevaient de leur même sens critique.

Byron remarquait qu'il y avait quand même des personnes avec des comportements somme toute « normaux » et sociables, et d'autres parfois lui faisaient presque pitié, comme cet homme d'une bonne cinquantaine qu'il voyait traîner dans l'usine, un bras presque immobile, bourré d'arthrite et une jambe un peu folle, ou cet autre ouvrier qui portait une grande misère sur le visage, les yeux lointains comme faisant face à un souvenir terrible et indélébile, ou les mains de cet autre, dont les doigts figés et recroquevillés semblaient à jamais pris dans du béton. Certains avaient morflé dans leur vie et leur malheur ne quitterait jamais plus leur expression physique ni leur façon d'être en communauté.

Byron se laissait donc aller aux observations de ses semblables, surtout envers certaines catégories de personnes, sans aucune malveillance ni moquerie, comme pour perpétuer son désir inassouvi de lâcher-prise. Et lui ? Comment les autres le voyaient-ils ? Sans doute comme un mec posé et sympa mais trop sérieux, à qui on pouvait confier des choses en toute confiance, enfin avant qu'il ne devienne ce qu'il était à présent, coriace, sans compromis ni langue de bois, libertaire à outrance, esthète et épicurien sans filtre. Peut-être la définition du connard pour certains, ou du frustré pour d'autres… Lui se sentait libre et sans malveillance aucune, il se sentait toujours le même mais avec plus de franchise et de spontanéité, car vivant un enfer intérieur quant au non-sens de plus en plus ressenti de sa place en ces lieux, inadaptée à ses desseins et ses rêves.

***

Mais que lui arrivait-il finalement ? Depuis ce fameux matin où il avait décidé de vivre autrement, sans contrainte ni soumission, il lui semblait que tout partait en vrille. Alors qu'il avait décidé cela pour son bien et un meilleur moral, plus rien ne marchait, plus rien n'avançait ni n'évoluait.

Lui qui aimait faire de petites pauses en buvant le café avec quelques collègues et partager un moment hors travail en parlant de la vie et du quotidien ressentait désormais le besoin de se taire et d'éviter le plus d'interactions sociales. Tous les sujets dont il discutait librement auparavant ne l'intéressaient plus, il décelait même une insipidité à vouloir se forcer à parler pour ne rien dire.

Lui qui ne s'était jamais trop soucié de son avenir professionnel autant que personnel, un vide se creusait dans ses entrailles et des questions harassantes le hantaient, l'obsédaient tant qu'il trouvait de moins en moins le sommeil, lui qui sans souci dormait ses huit heures par nuit depuis qu'il était en âge de travailler. Sa vie, ses habitudes, ses intérêts étaient chamboulés, par sa propre faute et il se sentait perdu.

Il passait des nuits les yeux ouverts à se retourner sans cesse dans son lit et parfois ses enchevêtrements de draps réveillaient Maddy et lui faisaient pousser des ronchonnements fatigués. Alors il se levait, buvait un verre d'eau à la cuisine, prenait un livre ou pas, s'installait dans un fauteuil au salon pour fumer une cigarette, ou sortait sur le balcon et s'accoudait à la petite rambarde lorsqu'il faisait assez bon pour y rester, et laissait divaguer son esprit tout en fixant des points sur l'immeuble plus loin, ou le parc en contrebas, ou la rue un peu plus distante et ses rares voitures qui circulaient encore à une heure tardive. Parfois, il allumait la télévision, se sentait navré devant les programmes qui s'affichaient et mettait un film dans le lecteur DVD, qui en général le faisait subtilement sombrer dans un sommeil de courte durée et rarement réparateur.

Les hésitations et les remises en question fusaient en lui quant à son avenir professionnel alors qu'il avait toujours été serein quant à ses divers emplois. Là, il n'était plus sûr de rien, voulait-il continuer ce chemin tracé du commerce et de la relation client ? Désirait-il faire autre chose ? Se préparait-il une belle crise de la quarantaine comme des millions d'hommes avant lui dans le monde entier ?

Il ne s'était jamais trop posé la question sur ce qu'il aurait pu faire d'autre de sa vie, et finalement aurait-il voulu faire autre chose ?

Avait-il de tels rêves inassouvis, de désirs incompatibles avec la vie qu'il menait ? Il s'amusait à se voir ailleurs, dans un autre univers, un autre environnement que celui de l'entreprise. Il faisait la liste de ses passions et ses savoir-faire et se demanda s'il aurait pu devenir musicien professionnel. Ses talents de bassiste étaient assez limités techniquement mais d'autres que lui étaient sur le devant de la scène depuis des lustres avec un niveau plus faible mais plus diffusé. Il ne pensait pas que la vie de tournée en perpétuel mouvement lui aurait tellement plu, il n'arrivait pas à s'y projeter, aurait-il eu le même amour de la musique qu'actuellement en en faisant son métier principal ?

Ses compétences en mécanique étaient très bonnes, surtout en ce qui concernait les motos, peut-être aurait-il pu ouvrir une petite boutique ou un magasin de vente de motos, ou peut-être un atelier de réparation, mais aurait-il été plus heureux que maintenant ?

Il aurait pu devenir soigneur animalier car il avait toujours adoré les animaux et vouait une vraie estime pour celles et ceux qui s'occupaient et même sauvaient toutes sortes d'êtres vivants, n'importe où sur la Terre. Aurait-il tenu le coup devant les horreurs dont ces personnes sont témoins parfois, par ce que l'homme peut parfois infliger à un simple chat ou un chien ? Aurait-il supporté la détresse animale et certainement la mort de beaucoup d'entre eux ?

Il ne savait pas… il ne savait plus grand-chose, ses certitudes se dissipaient au fil des jours et des semaines. Il avait tissé son propre piège, à lui de s'en libérer sans trop se blesser ni injurier les autres autour de lui. Pourquoi autant de questions soudain ? Sa vie jusqu'à présent ne lui suffisait-elle pas ? Fallait-il vraiment qu'il se décide à changer son comportement et son idéal du quotidien, quitte à modifier totalement son comportement et ses valeurs ? N'était-il finalement pas plus malheureux à présent ? Fallait-il étudier un retour en arrière et oublier cette source d'angoisse et d'inconstance nouvelles et terribles à la fois ?

Avait-il assez voyagé, avait-il assez vu de choses différentes, avait-il emmagasiné assez de culture et de savoir, ou tout cela était-ce encore à venir ? Lui qui s'était toujours donné l'impression de posséder une solide culture, une intelligence un peu au-dessus de la moyenne, des qualités d'homme indéniable, ressentait soudain un vide énorme en réalisant que par rapport à d'autres, il n'avait finalement rien entrepris du tout, ce qu'il avait vécu n'en restait que minime et qu'il s'était finalement toujours surestimé.

Aurait-il dû continuer cette relation un peu fade avec Méline, des années plus tôt, qui l'aurait automatiquement propulsé au rang de mari l'année d'après, puis de père, et surtout de gendre tous les dimanches à manger du poulet rôti ou du gigot en famille, et à passer ses vacances d'été à Palavas-les-flots, à La Roche-sur-Yon ou à l'île d'Yeu ? Aurait-il dû retrouver l'Angleterre, pays natal de sa mère, et s'y façonner une autre vie, rencontrer d'autres personnes, d'autres femmes, fonder une autre famille et se perdre dans un autre métier, plus ou moins captivant que celui qu'il détenait aujourd'hui ? Comment savoir, et pourquoi se creuser la tête à coup de questions bancales et sans véritables réponses ?

Certains passaient leur vie à en sauver, d'autres passaient leur temps à voyager en business-class et participaient activement à l'économie du monde et à la bonne marche du capitalisme, système critiqué de tous mais essentiel pour la bonne constance du monde actuel, de plus en plus de personnes se battaient de par leur métier et leurs activités bénévoles pour lutter pour une écologie intelligente et contre la pollution, d'autres encore produisaient de l'énergie, beaucoup se réalisaient productifs pour la planète et ses occupants et tentaient de par leurs actions et leurs pensées à faire le bien dans le monde. Et lui, était-il aussi exceptionnel que d'autres, était-il aussi irremplaçable que des chirurgiens, des scientifiques, des nourrices, des sages-femmes, des maçons et électriciens, des artisans boulangers ou des ostéopathes ? Était-il même seulement irremplaçable ?

Maintenant qu'un changement radical s'était opéré, comment revenir à la normale comme si de rien n'était ? Il n'aimait plus ce qu'il était, ou comme il se comportait. Aurait-il côtoyé quelqu'un comme lui avant, il ne lui aurait pas adressé la parole bien longtemps et l'aurait fui. Alors que faire ? Continuer à changer radicalement jusqu'à trouver un équilibre, une qualité de vie raisonnable, en adéquation avec cette recherche de liberté de mouvement et d'attitude, ou risquer de se perdre entièrement dans les limbes de l'inconnu, et d'en perdre la raison ?

***

Un après-midi comme les autres, un peu avant la fin de l'année, il rentra transi de sa pause cigarette et se trouva dans un couloir obscur qui menait au service des expérimentations de prototypes devant Océane qui fouillait dans un placard à la recherche de papiers administratifs divers. Ses fesses charnues étaient mises en avant par une mini-jupe beige et des bas noirs qui habillaient ses jambes rondes et courtes. Il fut pris d'une folie, attendit qu'elle se relève, se plaqua contre elle et lui mit une main sur chaque fesse, en soufflant :

— Ça va, beauté divine ?

Ce n'était pas la première fois qu'il se laissait aller à ces gestes déplacés mais cela avait toujours fait rire sa collègue, en se détournant facilement de son toucher et en plaisantant. Cette fois, elle ne bougea pas et tourna la tête avec un rictus étrange sur les lèvres. Les mains de Byron firent le contour de ses hanches et rencontrèrent ses petites mains, menues et tièdes. Il sentit une érection arriver et voulut défaire son étreinte. Mais Océane serra ses mains et força Byron à rester contre sa jupe, sentant cette fois sans aucun doute l'excitation de son collègue. Elle tenta même de bouger ses fesses de droite à gauche mais se retourna vivement et plaqua Byron sur le mur d'en face, toujours dans la pénombre à l'abri de regards et d'oreilles indiscrets. La situation était cocasse, Océane faisant moins d'une tête que lui. Les yeux se fixèrent, elle garda toujours les mains de Byron fermement dans les siennes, sans aucune tendresse et plaqua son ventre sur le bas-ventre toujours aussi excité.

— Qu'est-ce qu'on fait maintenant ? fit-elle, déterminée.

— Ah, tu as les choses en main, dirait-on. Byron était décontenancé mais réussit à ne pas perdre le fil de son intention. Tu es en colère ?

— Oui, un peu…

— Ça se voit, tu es encore plus belle que d'habitude, ça te donne un côté effarouché, j'adore…

— Écoute, Byron, je sais que je t'attire, que tu as du désir pour moi… Mais on s'entend si bien, nous sommes presque des amis, des confidents parfois. Qu'attends-tu de moi à la fin ?

Il la dévisagea et eut l'envie de goûter à ses lèvres dessinées à merveille d'un rose discret et brillant.

— Je… un peu plus que d'habitude peut-être…

— Mais je ne peux pas. Moi aussi je suis attirée par toi, je t'apprécie beaucoup, sauf maintenant quand tu fais ton connard !

Ils rirent doucement et elle reprit :

— Mais tu as une femme, et je suis mariée, mon ami. Je ne peux pas faire ça. Je ne veux pas être la femme qui trompe, et je ne veux pas que tu trompes ta compagne avec moi. Je ne veux pas gâcher mon amitié avec toi comme cela.

Ses mains se détendirent et elle les plaça sur son torse. Leurs yeux réfléchissaient un désir réciproque mais la raison semblait l'emporter.

— Tu as raison, finit-il par dire. On ne peut jamais faire ce qu'on veut dans la vie, sans qu'il y ait de graves conséquences ou qu'on fasse souffrir quelqu'un d'autre.

Elle acquiesça et lui souffla :

— Je ne peux t'accorder qu'un baiser, un seul baiser. Parce que j'en ai foutrement envie.

Il baissa la tête et goûta aux lèvres d'Océane, fusionnant parfaitement avec les siennes, la chaleur de leurs bouches se diffusant sur leurs deux visages et leur procurant une sensation divinement libératrice. Cela dura longtemps, cela resta tendre et affectueux, il caressait ses cheveux et elle bougeait lentement son ventre sur l'endroit le plus chaud du corps de Byron, au travers de son jean, sentant bien la tension persistante sur elle. S'apercevant de ses mouvements, elle rit en s'écartant de lui et s'excusa :

— Pardon, je viens de me rendre compte de ce que je fais, tu vois, avec le baiser, je me suis laissée aller. Ça va ?

— Oui, oui, je suis prêt à tout lâcher, mais je peux encore me retenir quelques secondes.

Ils s'esclaffèrent et se regardèrent à nouveau, intensément. Puis elle lâcha :

— Ceci est la seule chose qui se passera entre nous…

— Oui, je sais.

— Je pars devant, dit-elle en montrant le bas-ventre de Byron, le temps que tu te calmes un peu. Il regarda s'éloigner les rondeurs affriolantes qu'il aurait bien voulu goûter de plus près et vécut à nouveau, par la pensée, la folie de cet acte langoureux et magique. Il n'en parla bien sûr à personne, ce serait leur secret évident.

Étrangement, les jours qui suivirent les virent plus proches encore, ils auraient pu se sentir troublés et gênés de ce qu'ils avaient passionnément échangé, mais ce fut le contraire, ils prirent toutes leurs pauses en même temps, s'arrangèrent pour se retrouver l'un à côté de l'autre en réunion, et partageaient encore plus de choses dans la journée sur leur vie respective. Les commentaires commençaient d'ailleurs à fuser et certains les prenaient pour des amants, alors qu'ils n'étaient que des amis proches et sincères, avec une attirance commune toujours présente mais maîtrisée.

Malheureusement, cette complicité comblait tant Byron et Océane, que cela modifiait son comportement une fois rentré chez lui. Il n'avait plus goût à la discussion et restait souvent silencieux, même pendant les repas. Lorsque Maddy le lui faisait remarquer, il haussait les épaules en prétextant une lassitude de son boulot et l'envie de faire plus de concerts avec son groupe, qui stagnait un peu trop à son goût. Mais lorsque, par deux fois pendant l'amour, il interrompit l'acte, sentant qu'il ne pouvait pas assurer jusqu'au bout, elle pensa tout de suite à une maîtresse. Elle ne put s'y résoudre, ayant aveuglément confiance en son homme.

Ses soupçons en prirent un coup lorsque maladroitement, elle entendit, lors d'un apéro avec une de ses amies qui connaissait un employé de la boîte où travaillait Byron, les ragots que certaines personnes partageaient sur la possible relation de Byron avec une collègue. Lorsque l'autre insista en disant qu'on les avait vu entrer tous les deux dans une salle de réunion vide et éteinte, Maddy menaça son amie d'un bond, laissant l'autre apeurée seule devant son mojito :

— Je te préviens, si ce que tu me dis n'est qu'une rumeur ou une jalousie de travail, je te mets ma main sur la figure !

Le soir même, elle mit les cartes de la sincérité sur la table devant Byron :

— Est-ce que tu as une autre femme dans ta vie ?

Byron regarda calmement sa compagne et répondit :

— Pas le moins du monde, et toi ?

— Ne plaisante pas, je te pose une question !

— Et je t'ai répondu.

Cherchant en vain des traces de mensonge ou de malaise dans les yeux de Byron, elle retrouva son calme. Byron enchaîna :

— Tu sais, j'en entends toute la journée des conneries comme ça… Tout ça parce que je parle souvent avec Océane.

— Au moins, tu parles à quelqu'un, c'est déjà ça ! Parce qu'ici, il y a des jours où je n'entends même pas le son de ta voix.

— Le pire, c'est que tu crois à toutes ces conneries.

— Tu as tant changé, tu sais, je ne sais plus quoi penser. On se retrouve de moins en moins, de façon intime je veux dire, et quand cela se passe, tu n'arrives même pas à bander jusqu'au bout. Désolée d'être aussi crue, mais tous les symptômes sont là pour une autre relation, qui occuperait ton esprit et tes ardeurs qui m'étaient destinées.

— Rien à voir avec elle, c'est une amie et nous avons beaucoup de choses en commun, on s'entend super bien, autrement qu'avec tous ces connards et ces pétasses qui régissent l'univers de cette boîte. Dommage pour moi, elle est très jolie. Si elle était couverte de poils et de boutons, et qu'elle faisait plus d'un quintal, tu n'en aurais jamais entendu parler, et moi non plus d'ailleurs.

— Alors pourquoi es-tu si distant avec moi ?

Le silence s'instaura, pesant, oppressant même, et elle continua :

— Je ne te plais plus ? Je ne suis pas intéressante ? J'ai tant vieilli ? Je ne suis plus aussi drôle, ni cultivée, ni je ne sais quoi ?

— Tu n'y es pour rien, tu sais ce que je ressens pour toi, ce que j'ai déjà dit et révélé est indestructible. C'est moi, je ne sais pas…

— Tu t'ennuies dans ta vie ?

— C'est possible.

— En tout cas, moi, je ne peux plus faire semblant, c'est devenu trop compliqué.

Chapitre IV
Réflexions

Il ne parla pas de tout cela à Océane et communiqua encore moins avec ses autres collègues depuis qu'il savait qu'ils médisaient toujours dans son dos. Il eut un avertissement par son manager pour un nouveau manque de respect envers un supérieur qui voulait lui montrer comment il devait travailler pour plus d'efficacité. Byron l'avait bien sûr remballé en lui disant de se mêler de ses dossiers virtuels et qu'il n'avait pas de leçon à recevoir d'un homme qui n'avait jamais quitté son bureau ni son ordinateur et n'avait jamais mis un pied dans l'usine d'assemblage. Amaury l'avait d'ailleurs titillé sur le fait que lui non plus n'allait plus beaucoup sur le terrain car il préférait fumer des clopes et rigoler avec « sa petite Océane ». Byron lui avait rétorqué :

— Ça t'emmerde, hein ? Ça t'emmerde qu'elle préfère passer du temps avec moi plutôt que de faire attention à toi, pourtant tu sais tellement te faire remarquer, mais je ne pense pas qu'elle trouve un intérêt particulier chez une grande gueule comme toi.

— Ah, c'est peut-être parce que je n'ai pas l'occasion de lui faire plaisir de la même façon.

— Vas-y, mais finis ton discours, va au bout de ton idée, ça te brûle tellement la langue de baver sur le monde entier, que tu penses inférieur à toi bien sûr. Vas-y que je puisse enfin te mettre mon poing dans la gueule !

L'altercation s'était finie dans le bureau du chef, Byron expliquant que ce n'était pas ce qu'il insinuait sur lui-même qui le dérangeait mais qu'il prenait Océane pour une salope et une fille facile, et qu'il ne pouvait se permettre de laisser répandre ces insultes. Amaury prit un avertissement à son tour et ils ne s'adressèrent plus la parole. L'ambiance générale s'en trouva encore plus détériorée et Byron se recroquevilla sur lui-même, comme pour éviter d'autres affronts. Décidément, son désir de vivre dans une plus grande liberté de ton et de mouvement se trouvait un échec total, il le réalisait au fil des jours et pensait parfois qu'il était temps d'abandonner. Mais ce quelque chose en lui d'intarissable refusait de capituler et le forçait à continuer vers ce point de lâcher-prise total pour lequel il aspirait à la délivrance totale de compromis, malgré ses dérapages de plus en plus incontrôlables.

***

Les Rocks on Roads commençaient à se faire un nom dans la région et partaient jouer parfois jusqu'en Suisse, et tous leurs week-ends étaient pris. Byron semblait aux anges et tout acquis à la musique mais Maddy commença à empiéter sur sa joie renaissante et une nouvelle dispute éclata un soir, juste après qu'il fut rentré d'un week-end entier de concerts. Lui reprochant de ne jamais être là pour elle, Byron tenta d'arrondir les angles en plaisantant :

— Tu ne vas me la jouer mégère, là ? Le cliché de la femme de musicien qui en a marre de ne pas pouvoir avoir son petit mari à la maison, ce n'est pas toi, ça… Nous sommes au-dessus…

— Je ne joue pas la femme possessive et esseulée, je te signale qu'il n'a jamais été question que tu passes ta vie entre ton boulot et la musique. Je n'ai pas choisi de vivre avec un musicien. Les femmes de musiciens professionnels savent d'entrée ce qui les attend, moi je découvre un nouveau mec toutes les semaines. Avec tes lubies, tes sentiments changeants, je ne te reconnais plus avec tes grands discours sur le bien-être et la liberté à tout prix, et j'aimerais parfois retrouver celui qui me procurait tant de bonheur, au-delà de mes espérances.

— Tu parles encore de sexe, là ?

— Non, Byron ! Tout n'est pas qu'une question de sexe dans un couple, je te parle de bonheur d'être aimé et d'aimer, le bonheur d'être à deux, de partager des choses ensemble, d'échanger des opinions, de voir et vivre des choses à deux. Pas chacun de son côté comme deux célibataires qui ne se retrouvent que pour baiser… et de moins en moins souvent…

— Tu vois, c'est toi qui en reviens à ça !

— Oh, merde, Byron, tu n'écoutes pas… Tu n'écoutes plus personne de toute façon… Tu es comme cela avec tout le monde. Ton bonheur, ta vie importe trop, le reste n'est que du vent, de l'accessoire. Je veux le Byron que j'ai connu, je veux l'homme que j'aime. Toi, je ne te connais pas. Tu es d'un égoïsme sidérant et tu ne t'en rends même plus compte. Si tu ne retrouves pas très vite le type dont je parle, ce n'est pas la peine de rester.

Elle partit dans la chambre et claqua la porte violemment.

***

Byron n'avait bien sûr jamais révélé à personne qu'il avait loué un petit appartement à la sortie de la ville, et ce depuis quelques mois. Il s'y rendait parfois, tout seul, lorsqu'il prétextait un apéro avec un pote ou une répétition de plus avec les Rocks on Roads. Il n'avait que très peu meublé ce studio, n'avait besoin que du strict nécessaire pour se ressourcer, seul avec ses pensées et ses rêves d'espaces et de temps infini.

Il n'y faisait pas grand-chose, se retrouvait seul avec lui-même et rêvassait en buvant quelques bières, fumant un peu et lisant quelques bouquins, ou écoutant enfin de la musique qu'il aimait, avec laquelle il pouvait vivre et planer, par ses émotions, sans personne pour le déranger. C'est là qu'il partit s'installer quand il quitta le logement où il vivait depuis des années avec Maddy et récupéra certaines choses personnelles de l'appartement tant aimé. Maddy sembla l'ignorer la première fois mais lorsqu'il revint ensuite pour finir de prendre ce qui lui appartenait encore, elle l'arrêta et lui dit :

— Alors c'est comme ça, tu vas partir sans dire un mot, sans rien ?

— C'est toi qui ne veux plus de moi, Maddy, je t'avais déjà proposé plusieurs fois de faire un break, tu as toujours refusé.

— Parce que je savais que cela ne marcherait pas ! Dis-moi où tu vas, donne-moi une adresse au moins.

— On a le téléphone, t'inquiète. On s'appellera…

— Tu es sûr d'habiter quelque part chez quelqu'un ?

— Ne t'inquiète pas, je ne vais pas chez Océane. Elle est mariée, au cas où tu l'aurais oublié et je ne ferai pas de ménage à trois.

— Ce n'est pas ce que je voulais dire… fit-elle, les yeux exorbités par un mélange de rage et de chagrin.

— Mais c'est pour te rassurer, et rassurer toutes les connes de ton entourage qui savent apparemment tout sur tout et toutes les merdes que tu vas encore entendre sur moi dès qu'on saura que nous sommes séparés. Prends soin de toi, ma belle. Je t'aime.

Il l'enlaça, embrassa ses cheveux soyeux et mit un petit baiser furtif sur ses lèvres. Il sortit en entendant Maddy souffler :

— Ne pars pas comme ça, s'il te plaît…

***

Peu après cette rupture, Byron s'arrêta un matin d'hiver devant la façade de l'usine où il travaillait. Il fixa le bâtiment et l'énorme porte vitrée. Les gens le croisaient ou le dépassaient en se retournant à peine sur lui, quelques « bonjour » lui étaient adressés mais il resta comme mort, inanimé. Il ne pouvait plus avancer un pied, comme figé dans la glace, le temps ne passait plus. Ni peur, ni appréhension, ni symptôme de maladie, il ne put physiquement faire un pas de plus. Il ne sut combien de temps dura sa torpeur, son incapacité à réfléchir, une minute ou cinq… ou plus…

Puis comme s'il venait de se reconnecter au réseau de la vie, il opéra un demi-tour, repartit à sa voiture et roula à l'aveugle jusqu'à la colline qui surplombait toute la ville, où il appréciait la solitude et le silence. Il pénétra dans un petit sous-bois et atteignit un belvédère, d'où se laissaient observer toute la ville et l'horizon plus loin. Le soleil de janvier était radieux malgré l'absence de chaleur et il s'assit tranquillement sur un banc de pierre pour admirer le paysage. Pourquoi ne faisait-il pas cela plus souvent ? C'était tellement reposant. Il ne ressentit même pas l'once d'un remords ou de culpabilité qu'il pouvait avoir auparavant lorsqu'il manquait un seul jour de travail à cause d'une grosse grippe et d'un autre mal bénin, l'empêchant de se déplacer.

Il passait à autre chose. Il se sentait triste de ne plus avoir Maddy dans sa vie car il l'aimait vraiment beaucoup, mais leur vie à deux, ou à trois si on comptait son fils, était à présent inconcevable pour son propre bien-être et sa sérénité. Il passait donc à autre chose… mais à quoi ? En avait-il la moindre idée ? Et avait-il vraiment le choix ? Ce changement de vie allait l'amener à se retourner sur son présent et même son futur professionnel et la réaction qu'il venait de ressentir devant la façade vitrée lui annonçait une autre proche scission avec son emploi et toute cette structure dont il ne supportait plus la rigidité et l'injustice ambiante.

Jusqu'à ce jour, il n'avait jamais compris les gens qui n'aimaient pas leur travail, qui se sentaient mal à leur poste, qui ne pensaient pas être à leur place, comment faisaient-ils pour vivre tous les jours ainsi ? Comment faisaient-ils pour se lever tous les matins pour accomplir un métier qui ne leur correspondait pas ? C'était une énigme pour Byron, lui qui s'était toujours senti à sa place au moment où il vivait l'instant présent.

Il réalisait à présent qu'à son tour il vivait ce calvaire au même point que tant d'autres employés et salariés dans le pays, dans le monde, et se sentait totalement perdu et impuissant devant ce qu'il ressentait comme du désespoir, ou même un manque total d'espoir, ce qui différait sensiblement. Il aurait pu chercher un autre emploi ailleurs mais il réalisait qu'il ne ressentait même plus l'envie de travailler nulle part, la première fois en vingt ans de vie active. Il avait toujours trouvé sa place, car même s'il avait besogné dans trois autres sociétés différentes, les études de marketing qu'il avait réussies lui servaient à cent pour cent dans ses tâches quotidiennes et c'est ce qu'il avait toujours voulu faire… jusqu'à maintenant…

L'angoisse du lendemain, l'indécision face à son avenir professionnel et personnel, l'absence de but et de motivation, toutes ces appréhensions lui étaient inconnues et ce manque de perspective commençait à le perturber comme jamais. Plus le temps passait et plus il réfléchissait, juché sur le toit de la ville, seul et sensiblement invincible, plus l'angoisse retombait et moins le problème semblait aussi sérieux. Il se laissa même totalement aller et pensa une fois encore à ce qu'il aurait pu faire d'autre de sa vie s'il n'avait pas choisi le chemin du commerce et de l'industrie, sans grande conviction. Il n'avait jamais eu de doute par rapport à son cursus, il avait toujours été sûr de lui et de ses décisions. Rien ne l'a jamais vraiment troublé quant au destin qu'il s'était imaginé. La chute présente où il se précipitait risquait de devenir d'autant plus brutale et sans réel retour.

Même dans le domaine de la musique, il n'aurait pas pu aller loin, se disait-il, car il n'avait pas assez de connaissance théorique et ne savait pas composer, sa basse ne lui servait qu'à jouer du bon rock, du reggae et parfois du jazz. Mais il ne se serait pas vu faire des tournées en bus ou en avion avec chaque soir une ville différente pour un concert différent, l'activité assez aléatoire du sujet ne lui aurait pas convenu et vivre de la musique n'avait jamais été un but en soi, but tellement inaccessible pour tant d'artistes confirmés.

Il aurait alors pu continuer dans le dessin, ses parents lors de son adolescence lui avaient parlé des Beaux-Arts et cette activité artistique devint une vraie passion à cette époque. Il l'avait d'ailleurs gardée dans un coin de sa mémoire car quelques professeurs avaient remarqué un certain talent dans ses croquis, une finesse réaliste dans ses œuvres. Mais ses études supérieures en poche réussies, les décès successifs de ses parents avaient mis fin à tout rêve un peu hors norme, à toute pensée trop délétère et il s'était concentré à trouver un emploi stable, concret, qui occuperait toute son âme, sans possibilité de trop rêvasser ni cogiter dans la souffrance qu'il avait toujours enfouie au plus profond de son être. Même Maddy n'avait jamais vraiment pu percer le coffre secret de son esprit sur ce sujet. Il avait refoulé ce manque, cette injustice de la vie envers lui, ce chagrin qui aurait pu se répandre incommensurablement et qui au contraire avait toujours été enfoui, caché, enveloppé dans ses actes quotidiens et somme toute communs.

Il se sentit tellement bien et enfin recentré sur lui-même qu'il resta, sans s'en apercevoir, plus d'une demi-journée à découvrir le monde sous un angle panoramique, à réfléchir ainsi à la suite de sa vie. Tout en remontant sur sa moto et traçant la route jusqu'à un petit restaurant qu'il connaissait bien, il ressentait un manque en lui, malgré tout ce qu'il pouvait penser, ce qu'il pouvait ressentir ou non, un manque restait présent, imperturbable, lancinant, qui hantait son subconscient et parfois sa conscience. Il ne connaissait pas la teneur de ce vide mais c'était bien là, jour après jour, semaine après semaine, année après année, se manifestant par des sensations d'abattement total, de désespoir entier face à son existence, d'inutilité de son être matériel.

C'était là, et de plus en plus, à mesure que ses papillons virevoltaient autour de sa tête, le faisant parfois loucher tant ils étaient présents. Un manque plus sournois que celui de ses parents, un manque existentiel, comme si quelque chose de sa propre personne, sa propre intériorité, sa propre chair, tourmentait le bon fonctionnement de l'organisme et du cerveau. Un manque qui l'accompagnait chaque jour de sa vie, avec plus ou moins d'intensité, un manque dont il ne soupçonnait pas la nature… Quelque chose n'était pas là, restait absent de lui, ce qui créait ce déséquilibre perpétuel intérieur.

***

Le lendemain, après avoir à nouveau rêvassé sur son belvédère, il redescendit de ce promontoire naturel et immense, se gara au centre-ville et demanda un rendez-vous à son banquier. Celui-ci ayant le temps de le recevoir l'accueillit à bras ouverts et Byron resta plus d'une heure à s'entretenir avec lui, dans une sérénité rare. Le soir même, il rentra dans son petit deux-pièces et rédigea une courte lettre de démission, qu'il expédia en recommandé dès le lendemain. Il envoya un petit texto à Océane pour qu'elle fut la première au courant de sa décision :

« Hello jolie brunette, ne sois pas surprise, je lance ma démission demain, je ne peux plus rester et je ne pense pas faire mon préavis, je risque de foutre la merde… Tu es la seule au courant à l'heure actuelle. Je t'embrasse tout doux. »

S'ensuivit le surlendemain un long entretien avec son manager sur les raisons de cette rupture soudaine, que Byron prit pour des tentatives trop tardives afin de trouver des solutions améliorant son environnement de travail, comme s'il réalisait enfin que des soucis si importants existaient et qu'ils l'avaient amené à cette décision radicale. Mais tout cela arrivait trop tard, comme ces questions de certains collègues qui n'avaient jamais pris au sérieux son mal-être intérieur et des moues de déception de la part des femmes surtout, qui savaient mais qui s'étaient toujours tues. Cheryl parut toute attristée et, en lui offrant un café un jour, lui en fit part :

— Eh bien, on n'a même pas eu le temps de se connaître comme il faut. On aurait eu beaucoup de choses à partager, je pense…

— Ah, c'est souvent comme cela, quand les gens partent, on réalise qu'on aurait dû faire ou dire telle ou telle chose… Toujours trop tard…

Elle le fixa, ne sachant s'il lui faisait un reproche à peine voilé, et continua :

— J'ai su que tu jouais dans un groupe, moi-même je suis violoniste, je joue de la musique traditionnelle des Balkans, du folk celtique, du yiddish, ce genre de choses…

— Ah mince, en effet on aurait pu parler de tout cela. Je ne savais pas que tu étais musicienne, je ne m'en serais jamais douté. Dommage…

— Rien n'est perdu Byron, tu sais, on peut en parler et se voir après, même quand tu seras parti.

— Cheryl, ne nous voilons pas la face, tu sais, quand les gens partent d'une société, on correspond quelques semaines avec les personnes pour lesquelles on a le plus d'affection, ou on prend des nouvelles par politesse, ces nouvelles s'étalent dans le temps et puis on oublie le fait même qu'ils existent encore. Crois-moi, même avec toute notre bonne volonté, on ne se reverra jamais, c'est bien dommage.

Ils discutèrent encore un peu et mais ne se revirent plus jusqu'au jour du départ de Byron.

Étant cadre, il avait trois mois de préavis à faire avant de pouvoir quitter son poste, mais son chef trouva un remplaçant assez vite en interne, et proposa à Byron de le laisser partir avant, à condition qu'il forme le nouveau venu, ce qu'il accepta. Il resta donc un mois au lieu des trois prévus et contempla les plus beaux moments d'hypocrisie jamais vécus. Des collègues qu'ils n'avaient vus qu'une ou deux fois lui confièrent qu'ils allaient le regretter, lui tellement gentil, intègre, franc, des gens dont il connaissait le désintérêt envers lui firent part de leur admiration quant à son professionnalisme et le travail effectué, certains directeurs de régions le félicitèrent pour son entrain et ce qu'il avait donné à la boîte…

Avec le chèque pour solde de tout compte ajouté aux économies qu'il détenait sur ses différents placements bancaires, il avait le temps de voir venir et se permettait sans aucun regret de quitter ce lieu qu'il ne pouvait plus parcourir sans un mal-être perpétuel. Il forma aussi bien qu'il put son successeur qui était un jeune loup plein d'entrain et de volonté, une bonne recrue pour l'avenir de la boîte, pensa-t-il, et il passait toujours autant de temps possible avec Océane, en pause et à son bureau. Elle ne montrait rien et lui parlait comme si de rien n'était, mais son cœur était lourd. Un jour pourtant, elle lui lança :

— J'ai l'impression que tu pars serein, je me trompe ?

— C'est bien cela, je n'ai aucun regret, ce n'est plus ma vie, plus mon but, je n'ai plus ma place ici.

— Tu penseras à moi, de temps en temps ?

Byron réalisa ce que son départ provoquait chez elle et frissonna lorsqu'il vit une larme couler de ses beaux yeux noisette. Ses lèvres magnifiques tremblèrent et elle se retourna face à son ordinateur.

— Je suis désolé, Océane, je ne savais pas que ça te rendrait aussi triste…

Elle le poussa assez fort :

— Tu crois quoi ? Que personne ne t'aime ? Tu fais ton persécuté jour après jour mais plein de gens t'apprécient ici, et ailleurs…

— Je suis désolé, je…

— Ne sois pas désolé, tu le fais pour toi et c'est bien normal. Mais personne, à part quelques connards que tu connais bien, personne n'est heureux de te voir partir, malgré ce que tu crois !

Amaury et l'autre collègue décérébré se retournèrent à peine et ricanèrent en se regardant comme des ados enchaînés à leurs pulsions encore puériles, se moquant de ce qu'ils prenaient toujours pour une amourette cachée.

Il voulut enlacer son amie mais il vit au coin de son œil ses deux collègues parler doucement à leur encontre en chuchotant tels de pauvres gamins idiots, semblant assez fiers d'eux-mêmes, ayant l'air de dire : « Tu vois ? On le savait qu'ils couchaient ensemble, on l'a toujours dit. »

Byron se redressa et se dirigea vers eux. Mais ils partirent chacun de leur côté. Il revint vers Océane et lui dit doucement :

— Tu vois, ça, je ne le supporte plus… Elle plongea son regard triste dans ses yeux verts et sourit :

— Ah, Byron, tu es unique, toi ! Si tu savais…

— Mais de toute façon, je penserai à toi, et on pourra se voir en dehors de cette boîte. On peut garder contact et notre amitié intacte…

— Ne sois pas naïf ! As-tu déjà gardé contact avec des anciens collègues de tes anciennes boîtes ? Tu sais bien que ça ne se passe jamais comme cela. On se promet des choses et on oublie les gens, parce que les circonstances sont toutes autres.

— J'ai dit la même chose à Cheryl l'autre jour, c'est marrant. Mais nous, ce n'est pas pareil, c'est fort entre nous, c'est unique, indestructible… C'est presque de l'amour.

— L'amitié aussi forte, c'est de l'amour, mon bel ami, fit-elle, résignée. Mais tu verras, j'ai hélas raison. On va peut-être se voir deux ou trois fois, prendre quelques cafés et un espace va s'installer, plus grand à chaque fois, et cela finira en textos, en e-mails, et on s'oubliera petit à petit, nos vies ne seront pas compatibles ensemble.

— C'est triste que tu le voies comme cela, ma belle…

— Je sais, mais cela se passera ainsi, tu verras…

Il l'embrassa sur le front et ils reprirent leur travail chacun de leur côté.

***

Un pot de départ se préparait discrètement dans une des salles pour la dernière semaine de Byron, tout le monde ne fut bien sûr pas présent, néanmoins il reçut quelques bonnes bouteilles de vin et de spiritueux, quelques bises, de bonnes poignées de main et des encouragements pour la suite. Chacun voulait savoir où il allait, si la concurrence l'avait approché, mais personne ne crut ses mots lorsqu'il disait qu'il n'avait rien de prévu pour le moment, qu'il se donnait du temps pour vraiment choisir son chemin de vie et ne plus se tromper. Son manager le remercia à nouveau pour son travail et sa gentillesse passée au sein de l'entreprise et Cheryl l'enlaça longuement, lui faisant sentir son corps entier contre le sien, enfin…

— Bonne chance, lui souffla-t-elle au creux de l'oreille et l'embrassa fortement sur les deux joues.

Byron n'eut pas un mot ni un regard pour ses collègues de box lorsqu'il éteignit son ordinateur pour la dernière fois et souhaita un bon courage tonitruant à son remplaçant, qui avait bien compris le message et ne comptait pas se laisser marcher sur les pieds. Océane sortit à la même heure que lui ce jour-là et le retrouva devant sa voiture.

Ils s'enlacèrent longuement, puis elle dit doucement :

— Tu prends soin de toi, surtout, et tu ne fais pas de conneries !

— C'est-à-dire ?

— Je ne sais pas, ne fais pas le « foufou », c'est tout ce que je te demande.

— Et je penserai à toi très souvent.

Ils s'embrassèrent comme des amis qui se quittent pour un long moment et il passa sa main sur le visage d'ange dont la tristesse de ce départ rendait encore plus touchant, désirable, affolant.

— À nous de ne pas faire comme les autres et de continuer à nous voir. Conjurons le sort du « loin des yeux, loin du cœur »… Tu as mon adresse, tu seras toujours la bienvenue, et surtout je te souhaite bien du courage avec les abrutis qui t'entourent.

— Oui, d'accord. Je te donnerai mon adresse par texto. Allez, à bientôt !

Leurs mains s'accrochèrent encore un peu l'une dans l'autre et elle démarra sa voiture après un dernier coucou de la main. Il suivit sa route jusqu'à ce qu'il la voie tourner au bout de la rue. Se reverraient-ils un jour ? N'était-ce pas trop risqué maintenant qu'il était célibataire ? L'attirance qu'ils ressentaient l'un pour l'autre ne prendrait-elle pas le dessus, mettant Océane dans une position trop délicate et rendant fragile son propre couple, auquel elle tenait beaucoup ?

***

Tous ces changements dans sa vie provoquèrent un gouffre en lui, comme s'il se tenait au bord d'un abîme vertigineux, et manquait de tomber à chaque réflexion. Plus de travail, plus de petite amie, des journées avec du temps à revendre, il avait pensé en profiter pour mettre de l'ordre dans sa vie, faire toutes les choses qu'il n'avait jamais eu le temps de faire, ou qu'il n'avait jamais osé débuter. Il commença par s'acheter une moto. Il avait déjà le permis étant jeune et avait sillonné les routes de France pendant quelques mois avec des copains de faculté, avant d'avoir un accident en Bretagne et de se casser la clavicule. Depuis, il n'avait jamais eu envie de chevaucher l'engin à nouveau, les réparations étant de toute façon à la hauteur du prix d'une neuve. Il avait donc abandonné l'idée et opté pour la voiture, comme la plupart des gens.

Mais il y a déjà quelque temps qu'il pensait revenir sur les routes en deux-roues et il s'inscrivit à un stage de remise à niveau de permis. En quinze ans, des choses et des lois avaient nécessairement changé. Puis il acheta une petite Harley, maniable, bien qu'assez lourde et sans trop d'esbroufe. Il partit deux semaines début mars seul à l'aventure, sur les rivages de Bretagne, en passant par le Nord-Pas-de-Calais jusqu'à la Belgique, puis revint sur les côtes normandes et atlantiques jusqu'à Bordeaux, dormant dans des petits hôtels ou carrément sous la tente lorsqu'il ne trouvait pas de chambre, ce qui lui valut quelques frissons nocturnes, la température n'excédant généralement pas les huit degrés à cette période de fin d'hiver.

Il découvrit des lieux superbes, d'autres un peu désolés, il rencontra des personnes intéressantes et partagea quelques moments et repas avec des personnages atypiques, dégusta du vin directement chez les vignerons, visita des musées et des monuments historiques, châteaux et maisons natales d'artistes et d'hommes politiques importants. Il fit beaucoup de photographies et de petits films, surtout du côté des mers et se demanda même s'il n'allait pas un jour déménager et se trouver un petit endroit sympathique sur la côte de la Basse-Bretagne, ou carrément chercher quelque chose sur une île, si cela était encore possible de trouver des maisons à louer ou acheter sur l'île d'Yeu, d'Ouessant ou d'Oléron… Ses économies ne lui permettraient pas de continuer ce train de vie pendant plusieurs années, il le savait, mais il n'avait pas envie d'être raisonnable, encore moins que d'habitude.

***

En rentrant d'une petite virée solitaire, ayant fait gronder le moteur de sa toute nouvelle accompagnatrice de vie, il rentra dans le centre-ville et se gara sur le parking de sa petite épicerie habituelle, non loin de son appartement. Il se posait à nouveau cette question d'exister sans le moindre compromis possible, et se demandait surtout s'il n'était pas déjà trop vieux pour mettre cette façon de vivre en pratique. N'avait-il déjà pas fait et dit trop de choses pour totalement modifier son comportement, son attitude, ses désirs et ses envies ? N'était-ce finalement pas qu'une réflexion d'adolescent attardé, réflexion qu'aurait pu se faire son abruti d'ex-beau-fils ? N'était-il pas finalement plus simple de rentrer à nouveau dans le moule, se comporter comme tout le monde et cesser de se poser des tonnes de questions qui lui demandaient beaucoup plus d'énergie et de temps pour tenter d'y répondre ?

En pénétrant dans le magasin, il manqua de tomber sur le sol, encore embrumé dans ses pensées obsessionnelles, gloussa tout seul en pensant au spectacle comique ou navrant qu'il aurait pu déclencher devant les quelques clients et employés présents, et répondit au bonjour de l'hôtesse d'accueil. Il passa dans une allée mais se retourna sur elle, en se rappelant qu'il l'avait déjà vue plusieurs fois, mais pas depuis longtemps. Il prit quelques victuailles pour s'alimenter le soir même et le week-end, en n'omettant pas de choisir un bon whisky pur malt, enfin le meilleur, du moins le plus cher qu'il trouva au milieu d'un choix assez restreint.

Lorsqu'il passa à la caisse pour régler, il se retrouva face à l'hôtesse qui avait changé de fonction et de place. Elle lui sourit à nouveau et passa lentement les articles qui émirent tous sans faute un désagréable cri strident. Il la dévisagea un peu mieux et fut étonné de ne pas avoir remarqué avant la beauté et la douceur qui transparaissaient de son visage. Des yeux brun-vert surplombaient un petit nez en trompette, sa peau était blanche et sans défaut, une petite bouche semblait supporter un sourire permanent et ses cheveux, d'une épaisseur incroyable et d'un noir de jais brillant, se perdaient en longueur jusqu'au bas de son dos. Son corps était massif, à la limite de l'obésité et semblait se cacher derrière un corsage large noir et blanc et un pantalon en toile noire très évasé. Ses doigts étaient un peu boudinés mais supportaient tout de même trois bagues à chaque main. Comme il insistait sans s'en rendre compte, elle lui lança quelques coups d'œil interrogatifs, toujours avec ce ravissant sourire qui semblait tatoué sur ses lèvres roses et fines.

Il s'aperçut de sa maladresse et lança, sans réfléchir :

— Je suis désolé, je ne veux pas vous mettre mal à l'aise, mais je vous trouve tellement jolie…

Instantanément, la jeune fille vira au rouge tomate et mais garda son sourire en place en répondant :

— Merci, c'est gentil.

Il paya ses courses et en les mettant dans un grand sac à usage multiple, il osa demander :

— J'aimerais bien discuter avec vous, faire votre connaissance, comme cela, en toute simplicité… Je vous offre un café après votre travail, ou un autre jour ? Ou je m'en vais tout de suite si vous refusez, ce que je comprendrai pleinement.

Elle regarda Byron de ses yeux doux, s'enquit de voir si aucun autre client n'attendait pour passer à sa caisse et voulut parler, mais elle bafouilla un début de phrase. Byron, sentant la gêne occasionnée, la rassura :

— Ne vous inquiétez pas, c'était présomptueux de ma part. Je suis trop vieux pour inviter une jeune fille à boire un café, qu'est-ce que je croyais… Excusez-moi de vous avoir embarrassée, je vous laisse. Bonne soirée à vous.

Il prit son sac et allait se retourner quand la jeune femme répondit :

— Dix-huit heures… je termine à dix-huit heures… On aurait pu croire que ses joues allaient exploser tellement leur rouge s'était intensifié. Byron lui sourit et répondit doucement :

— Ah c'est bientôt ! Super, je vous attends devant alors ? Je serai avec la moto que vous voyez là-bas.

— Très bien, comment vous appelez-vous ? osa-t-elle lancer dans un souffle, juste avant qu'un nouveau client ne pose ses courses sur le tapis déroulant.

— Byron.

— Enchanté, Byron, moi c'est Léa.

— Alors, à tout à l'heure, Léa.

Il sortit et rentra chez lui ranger ses courses, pendant la demi-heure d'attente. Il avait suivi son instinct, son désir de la connaître, même si elle paraissait bien jeune pour lui, il verrait bien ce qui se passerait, peut-être ne serait-ce qu'un café, ou un verre, peut-être que cela irait plus loin, sur une nuit entière, voire le début d'une histoire… Le principal est qu'il avait suivi son envie et sa joie de ne pas avoir été contraint de se taire, pour un sombre manque de bienséance ou de politesse.

Léa sortit du magasin et se dirigea vers la moto couleur bordeaux indiquée. Byron lui demanda si elle désirait aller à un endroit particulier et elle lui indiqua un café qu'il connaissait aussi, non loin de là. Il lui confia un casque et elle enfourcha l'engin, non sans appréhension. Au démarrage, elle colla ses mains autour de la taille du motard et ils partirent pour un petit moment inconnu.

Ils se placèrent en terrasse et se dévisagèrent. Léa parla la première, après avoir commandé un chocolat chaud :

— Je ne sais pas ce qui m'a pris, je ne fais pas ça d'habitude… et surtout, ça ne m'arrive jamais…

— Mais moi non plus, le fait de vous avoir vue et d'avoir aperçu votre sourire m'a donné du courage. On va se tutoyer, non ? Tu regrettes ?

— Non, non, pas du tout, c'est que c'est une première pour moi.

— Eh bien, santé, fit-il en trinquant sa tasse de café contre celle de son invitée.

— Santé !

Ils discutèrent assez facilement de choses et d'autres, de la ville, de son travail à elle, du week-end qui pointait son nez. Byron se sentait attiré par cette femme somme toute assez jeune pour lui mais qu'il trouvait rayonnante et très mûre pour ses vingt-cinq ans. Constatant qu'elle ne comptait pas partir dans les minutes qui venaient, Byron proposa qu'ils boivent un verre de vin pour fêter cette belle rencontre inattendue.

Un quart d'heure après, ils se retrouvèrent chez elle. Elle habitait un petit studio un peu plus loin de l'autre côté de la rue principale, un appartement assez simple, de taille raisonnable pour une personne, et la décoration très « girly » et colorée plut à Byron. Ils s'assirent sur deux gros poufs, l'un bleu marine, l'autre orange, autour d'une table basse, et continuèrent à discuter, Léa leur ayant servi du vin blanc Aligoté. Byron la regarda intensément et elle rougit :

— Qu'y a-t-il ?

— Je contemple tes cheveux depuis tout à l'heure, je les trouve si beaux, j'ai une envie irrésistible de les effleurer, de les brosser. Je peux ?

— Heu… pff… je ne sais pas… heu… oui…

— Sincèrement, j'adorerais te brosser les cheveux.

Hésitant un peu, elle partit dans la salle de bain et revint encore plus rouge en lui donnant la brosse. Elle s'installa à nouveau, gauchement, avec les yeux d'une enfant presque apeurée.

— C'est vraiment bizarre, non ? souffla-t-elle.

— Je ne te force pas, murmura Byron. Si ça te gêne, tu me dis non.

— Vas-y, ce sera une première pour moi ! bredouilla-t-elle.

Il s'enquit de caresser la longue chevelure, plongea ses doigts dans l'épaisseur magnifique et massa à peine le cuir à certains endroits. Il brossa longuement la masse noire jusqu'aux pointes, en restant devant elle. Il se tourna sur un côté et sa cuisse effleura l'épaule de la jeune femme, qui frissonna involontairement. Ses yeux se fermèrent lorsqu'il demanda :

— Ça va ? Je continue ?

— C'est très agréable, j'ai des frissons partout.

Elle sentit qu'il se baissait vers elle et ouvrit les yeux juste pour accueillir un tendre baiser sur sa bouche. Il se retira mais elle l'attira de sa main contre sa joue et lui fit comprendre de continuer cette sensualité. Leurs langues se mêlèrent, les lèvres de Léa sentaient le sucre et le vin. Il se redressa et continua à brosser sa magnifique chevelure dont quelques reflets bleutés se laissaient voir à la lueur de la petite lampe près d'eux.

Ils s'embrassèrent à nouveau et Byron lui mordit doucement l'oreille :

— On va plus loin ?

Elle rit et le dévisagea.

— Tu me trouves jolie, et attirante ? Sérieusement ?

— Oui, je te trouve très belle, très douce, j'ai envie d'aller plus loin.

— Tu sais, ça fait longtemps que… enfin, je n'ai pas l'habitude de… de me déshabiller devant un homme, ça risque d'être compliqué pour moi, et tu vas être déçu.

— Alors je me lance le premier.

Byron se redressa soudain et retira lentement sa chemise, son jean, ses bottes et chaussettes. Elle admira en rougissant à nouveau ce corps de mâle bien entretenu, presque nu à quelques centimètres d'elle. Il reprit ses soins capillaires comme si de rien n'était et s'approcha un peu plus du visage de Léa. Elle vit la bosse dans le boxer noir doubler de volume en l'espace de quelques secondes et osa passer sa joue dessus plusieurs fois. Elle retira enfin le sous-vêtement, libérant le sexe durci à bloc, qui se trouva bientôt dans sa main.

Tout en continuant à se faire peigner doucement, sa petite bouche engloutit entièrement le sexe de Byron et fit de lents mouvements de va-et-vient pour un plaisir partagé. Puis il se retira et fit lever sa bienfaitrice.

— Tu n'avais rien de prévu ce soir ?

— Non, non, tu sais, ma vie est très calme en ce moment.

— Alors on va s'éclater tous les deux et toute la nuit, ça te dit ?

— Quel programme ! J'espère que tu ne seras pas déçu. Je ne suis vraiment pas à l'aise avec mon corps.

— Ne t'inquiète de rien, laisse-moi faire… Si je vais trop vite, tu me le dis et nous irons à ton rythme.

Il lui retira son chemisier trop large, découvrant des bras blancs et forts, un petit tatouage d'une fée mutine sur l'épaule qu'il embrassa tendrement, une poitrine démesurée compressée dans un soutien-gorge noir de fort bon goût. Il l'embrassa à nouveau pour lui donner confiance en détachant les bretelles dans le dos. Il caressa les seins qui se trouvèrent somme toute assez fermes, lui sourit et parcourut toute leur surface de sa langue mouillée et affamée.

Léa se laissa faire, en fut la seule étonnée, Byron lui donnait confiance en elle et elle ne pensait plus qu'il avait dans les mains et dans la bouche un corps trop gros et trop gras. Elle murmura « c'est bon… » et Byron retira son pantalon et ses petites baskets blanches et s'attarda à lui masser les pieds.

Il se redressa, passa sa main dans ses cheveux et dit en la serrant contre lui :

— Voilà, tu es nue aussi, je sens ta chaleur, tu vois, je ne suis pas compliqué et j'aime ce que je vois.

Ils s'embrassèrent à nouveau et s'étendirent sur le lit bien fait. Byron continuait à sucer les mamelons offerts et pointés et caressait sévèrement le clitoris pileux et brûlant, ce qui ne tarda pas à faire crier Léa d'un plaisir surprenant, qui lui remplit le ventre.

Cela lui déclencha un moment de furie et elle engouffra à nouveau le membre toujours aussi raide, jusqu'à l'éjaculation libératrice autour de sa bouche, déclenchant un cri détonnant de Byron. Elle s'empressa de nettoyer et rincer ce précieux objet de plaisir et ils se blottirent dans les draps, passant quelques heures à s'embrasser, à faire intensément l'amour et à découvrir pratiquement toutes les zones de leurs corps respectifs. Léa, d'abord très timide, se reprit petit à petit et fit fièrement face aux assauts de son amant, de face comme de dos, pour leur plus grand plaisir.

Il se réveilla en sursaut à quatre heures trente à cause d'une envie pressante d'uriner. Il faisait nuit noire et il devina la silhouette de Léa à côté de lui, un ronflement léger se faisant entendre. Il entra dans la salle de bains, se rafraîchit le visage et retourna dans la chambre pour s'habiller. En enfilant ses chaussures, il s'assit sur le lit et sentit une main lui caresser la cuisse. Léa le regardait de ses yeux brillants, où il entrevit un léger chagrin. Il l'embrassa longuement et lui caressa les cheveux en soufflant : « Magnifique ! »

Elle l'encercla de ses bras et dit :

— Tu t'en vas déjà ? Tu ne veux pas rester ?

— Non, j'ai des choses à faire ce week-end, je dois partir quelques jours.

— On se reverra ?

— C'est ce que tu veux ?

— Bien sûr, tu ne réalises même pas ce que tu m'as fait ressentir cette nuit. Oui, j'ai envie qu'on se revoie. Attends quelques jours que mes courbatures disparaissent et je serai toute à toi.

Ils rirent et s'embrassèrent de nouveau.

— Alors on va se revoir, fit-il tendrement.

Dernier coucou de la main et il descendit les escaliers de l'immeuble, son casque à la main. Oui, il la reverrait certainement, s'il en éprouvait l'envie. Il n'avait pas menti, ils avaient passé de très bons moments ensemble, leur plaisir avait été réciproque et intense, il n'y avait donc aucune raison de ne pas la revoir… s'il en éprouvait l'envie.

***

Pourquoi faire tout ça maintenant ? Pourquoi s'éloigner de cette vie somme toute assez agréable, rangée et confortable, tout ça pour un désir extrême de liberté égoïste ? Serait-il capable de faire du mal aux autres juste pour son propre bien-être ? Il savait à présent que c'était impossible, il se sentait presque coupable d'avoir éveillé de beaux et vains espoirs dans l'esprit de Léa quant à leur potentielle relation à venir, la route pour une vie sans compromis risquait encore d'être bien longue. Peut-être était-ce pour cela qu'il était parti si promptement de la vie de Maddy, profitant de cette énième dispute pour ne plus lui faire subir son nouveau mode de fonctionnement qui la contrariait tant ?

Alors pourquoi maintenant ? Pour un besoin de sensations fortes, pour ne plus s'ennuyer dans sa vie qu'il trouvait trop monotone, sans franchise ? Pourquoi ce désir de ne plus être conformiste à son âge et de profiter du plus possible à portée de mains ? Ressentait-il cette fameuse et hypothétique crise de la quarantaine sous une autre forme, se sentir encore jeune et vouloir vivre toujours plus d'émotions, quitte à tout laisser derrière soi et parcourir le monde, à l'aventure ?

Mais Byron ne ressentait pas le désir de voyager à travers la planète, il voulait juste faire ce dont il avait envie et ce que ses émotions profondes lui dictaient. Tant de belles choses sont à portée de main et nous ne les voyons même plus, à force de nous satisfaire de ce qui est devant nos yeux opaques, nous n'avons même plus l'idée de tendre le bras pour ramasser sur les côtés, parsemés ici et là, les petits plaisirs de la vie. Peut-être retrouver cette jeunesse perdue, cette insouciance et cette liberté, à présent entravée par une vie de tergiversations, de compromis et d'insatisfaction engendrée, de sacrifices et de frustrations permanents qui empoisonnent l'existence de chacun d'entre nous. Il ne pouvait plus rien entreprendre qui ne l'agaçait s'il ne se sentait pas complètement libre de le faire. Cela devenait compliqué de jour en jour, il l'avait bien ressenti dans son couple, avec ses amis ou au travail ; si les autres refusent cette façon d'être, de vouloir vivre sans compromis, ça ne marche pas. Les choses doivent pouvoir circuler dans les deux sens, la société des hommes et des femmes fonctionne ainsi depuis des siècles, et Byron pensait à mesure des jours qui défilaient que son but n'allait jamais aboutir comme il le désirait, car il faisait partie de ces fameux « autres » aussi, qu'il le veuille ou non.

Il pensait qu'il pourrait retrouver cet état d'esprit de détachement et de spontanéité, néanmoins l'âge et le vécu acquis pendant les vingt années passées d'adulte avaient fait de lui, malgré son bon vouloir, un autre homme, plus sérieux et raisonnable, plus responsable et attentif aux autres. Il ne pourrait décemment jamais agir en être égoïste et absent. Une face altruiste se cachait toujours au fond de lui et ce trait de caractère restait inhérent à son propre soi. Il craignait donc ne pas pouvoir vivre éternellement avec ce désir inassouvi.

***

Il retournait parfois sur sa colline où les dizaines, les centaines de fenêtres d'immeubles et de maisons entassées semblaient spectatrices de ses réflexions présentes. Il y allait parfois au crépuscule, lorsque certaines lumières se décident à s'allumer. Il ne discernait aucun des résidents de ces maisons et ses bâtiments serrés en contrebas, mais il s'amusait à imaginer quelle pouvait être l'occupation de quelques-uns de ses semblables en ce moment même, au sein de leur foyer. Lui qui n'avait plus d'obligation d'emploi du temps s'autorisait à flâner en ville, ou sur les routes avec sa moto, ou encore comme ce soir à rester en contemplation imaginative devant les dizaines de personnes existant un peu plus bas, en même temps que lui.

Lorsque nous nous concentrons sur notre propre vie et notre présent, nous oublions souvent que des dizaines de milliers de personnes vivent autour de nous, en même temps que nous, des choses semblables et des choses totalement différentes. À l'intérieur de l'immeuble sur la droite que Byron discernait le mieux, que faisaient ses résidents à ce même instant ? Un enfant préparait-il ses devoirs ou se cachait-il pour surfer sur les réseaux sociaux ? Une femme ou un homme préparait peut-être le repas à venir ? Au dernier étage, y avait-il deux étudiants pressés de se retrouver le soir pour se déshabiller et faire l'amour ?

Dans l'immeuble en face, un homme s'empressait-il de terminer son repas avec sa femme et ses gosses pour ressortir, prétextant un rendez-vous commercial, mais se dirigeant vers une entrevue avec sa maîtresse ? Ou un autre couple se disputait-il une fois encore, au bord de la rupture et du divorce ? Ou l'homme, dans un état de colère terrible, ou sous l'emprise d'une énième bouteille de whisky, était-il en train de frapper sa femme contre les murs de la chambre ? La bande de jeunes au bas de l'immeuble le plus désuet n'était-elle pas en train de préparer une saloperie à faire pour brûler une voiture plus loin, ou attendaient-ils seulement un autre de leur voisin afin de lui mettre des coups de pied dans le ventre, pour une sombre histoire de racket ou de drogue ?

À l'intérieur de la petite maison plus loin, une femme âgée qui tenait à peine sur ses jambes regardait-elle son jeu préféré à la télévision, en sirotant difficilement une tisane brûlante ? Ou bien les habitants étaient-ils encore au travail et leur chien attendait impatiemment leur retour depuis le midi et hurlait sans cesse à la mort depuis quelques heures déjà ? Se trouvait-il quelque part dans ces espaces habités une jeune enfant assez habile avec ses crayons et ses pinceaux pour transcender la peinture dans le futur, ou alors un jeune pianiste, flûtiste ou violoncelliste qui allait bientôt tracer sa route en devenant l'un des plus jeunes concertistes de

France, ou d'Europe ? Ou n'était-ce qu'un ado lambda qui s'essayait à la musique sur son ordinateur, et qui sans aucune notion théorique ni nulle émotion allait sortir le single de rap bientôt à la mode, que tous les décérébrés de France s'arracheraient bientôt sur les plateformes digitales de streaming, devenant ainsi une plaie pour les allergiques à ces styles de musique et rejoignant ainsi tous les médiocres des médias nationaux, qui polluent nos cerveaux et nos sens critiques avec leur absence de talent et leurs sons et voix trafiqués à outrance et tant dénaturés ?

Dans la maison mitoyenne encore un peu plus loin, un homme faisait-il sa séance de musculation quotidienne ou hebdomadaire, ou sa compagne s'était-elle isolée dans la chambre pour pratiquer son yoga ? Ou quelqu'un était-il en train de les mater à l'extérieur, juste par perversité de voyeur ou par désir de cambrioler leur intérieur, ou même par fureur criminelle ou maladive, s'apprêtant à bondir chez eux pour leur trancher la gorge ?

Byron imaginait toutes sortes de concitoyens en train de vivre leurs moments à eux, pendant que lui laissait son esprit divaguer et imaginer tant de choses et de situations, banales ou plus délirantes ?

Il leva les yeux sur la gauche et dans ses résidences apparemment huppées, y avait-il un homme devenu aveugle après une maladie qui peinait encore à trouver ses marques à son domicile, une épouse parfaite qui luttait depuis des mois contre un cancer agressif, un quinquagénaire ou sexagénaire qui se tenait la tête sous un mal terrible et attrapant le téléphone car il soupçonnait un début d'AVC qui allait le terrasser ? Ou dans une pièce plus loin, deux amoureux de longue date, hétéros ou gays, ne se tenaient-ils pas la main tendrement en visionnant un film, la tête de l'un sur l'épaule de l'autre ? Ou encore une lycéenne surdouée était-elle en train de plancher sur des théorèmes extravagants, étant potentiellement destinée à devenir une scientifique éminente, un prix Nobel à venir ? Sa voisine du même âge, avec une vie ultra confortable et des parents aimants et friqués n'était-elle pas au même moment en train de se munir d'une seringue et de traverser une veine de son bras, frôlant une fois de plus l'overdose par cette sensation de légèreté, de liberté et d'évasion extrême ?

La nuit tombait doucement et Byron pensa aux serveurs informatiques qui devaient à présent redoubler de fureur par l'immensité des connexions internet dans chaque foyer à ce moment même, réseaux sociaux, jeux vidéo en ligne, télétravail, messageries personnelles, sites de rencontres, accès au streaming musique et cinéma, pornographie en ligne, recherche d'informations culturelles et scientifiques, cours de sport et enseignement à distance… Le pic d'énergie de la masse d'êtres humains allait comme chaque soir atteindre son paroxysme, un trop-plein d'électricité et de connexions électroniques, une banalité dans un monde pétri de polluants divers et de gaspillages de toutes les manières possibles et imaginables.

Alors Byron ressentit une haine envers ses concitoyens qu'il avait plaisir à imaginer vivre il y a quelques minutes encore et quitta le lieu de ce spectacle devenu morne et ténébreux, soudain sans espoir, fit ronfler sa Harley de toute son accélération, laissant ainsi échapper un brin de pollution qui s'additionna à celle, certes de différente nature, de ses semblables. Car malgré cette aversion subite et ce dégoût envers les autres, il savait très bien qu'il faisait partie de ce petit monde, réalisant jour après jour qu'il n'était pas si différent et surtout qu'il n'était pas meilleur que la plupart, ce qui le mettait encore plus en tristesse et en égarement.

Il gara sa moto dans la petite allée commune, l'attacha fermement, monta les escaliers menant à son appartement, alluma une cigarette, ouvrit une bière et s'affala dans un fauteuil, devant sa télévision, devenant enfin comme celles et ceux qu'il venait d'insulter mentalement pendant un trop long moment. Il ne regardait même pas les images défilant devant lui, il pensait au présent, à l'avenir, se demandait si un jour il pourrait être quelqu'un d'important, pour ses propres amis, pour la société, quelqu'un que l'on visite pour son conseil, quelqu'un qui plaît encore aux femmes et même aux hommes, quelqu'un de fréquentable à tout prix, quelqu'un dont on se rappelle longtemps le charisme après l'avoir rencontré, ou resterait-il si anonyme, si commun, sans surprise ni trait original, ni même de conversation transcendante…

Chapitre V
Liberté

Il continuait les répétitions avec Rocks on Roads, le groupe acquérant des émules à chaque apparition publique régionale, les concerts devenaient de plus en plus gros, jusqu'à des festivals et des premières parties de groupes bien établis, amenant de plus en plus de monde à les connaître. Ils avaient pour cela été obligés de composer leurs propres chansons pour pouvoir monter sur des grandes scènes et elles marchaient plutôt bien auprès du public. Le chanteur et le guitariste amenaient quelques idées éparses et ils arrangeaient le tout ensemble pour façonner des morceaux de Rock-Blues standard mais bien interprétés, avec feeling et sincérité.

Byron s'enquit de renouer avec la famille qui lui restait, tels des cousins dans le Sud près de Narbonne et d'autres près de Lyon. Il retrouva leurs adresses et leurs profils de réseaux sociaux et se proposa de passer les voir, juste quelques heures, pour savoir ce qu'ils devenaient. Il réussit à voir une cousine du côté paternel et deux cousins du côté maternel et leurs parents, bien sûr tous mariés avec enfants, chiens et voitures en double. Les visites se passèrent cordialement, mais comme ni les uns, ni les autres, ni même lui n'avaient daigné prendre des nouvelles pendant toutes ces années, ils se retrouvèrent un peu comme des étrangers, semblant à chaque phrase se découvrir à nouveau les uns les autres. Quelques souvenirs d'enfance ressurgissaient au détour d'une phrase et les sourires peinaient à ressortir sur les lèvres, mais il était tard pour renouer un quelconque contact, même lointain, tout cela était trop ancré dans un passé plutôt douloureux et remuait beaucoup plus de tristesse et de nostalgie que de bonheur. Byron ne s'imposa nullement et, sans se gêner, leur dit Adieu et bonne vie à tous ! Néanmoins, il fut heureux d'avoir potentiellement fait une bonne action, comme s'il lui avait toujours manqué un contact avec son sang, même si étranger et non essentiel, se rendait-il compte à présent.

Un vendredi midi, au début du printemps, il reçut un appel de Maddy sur sa messagerie, lui demandant s'il allait bien et s'ils pouvaient se voir quelques minutes. Il la rappela et l'invita à passer chez lui en fin de journée. Elle apparut vers dix-huit heures sur le seuil de sa porte, un peu gauche, les joues rosies par une timidité naissante. Il l'accueillit avec un grand sourire et l'enlaça promptement avec beaucoup de tendresse. Il lui proposa de s'installer dans le canapé et prit le fauteuil en face, tout près. Elle ne savait pas comment engager la conversation mais, à sa grande surprise, c'est lui qui commença, en disant qu'il était très heureux qu'elle l'ait appelé.

— Ça me fait bien plaisir de te voir, Maddy, tu es en grande beauté, comme d'habitude. Tu veux une bière blanche rondelle citron ou autre chose ? Un verre de vin ? Un truc plus fort ?

— Si tu as du vin rouge d'ouvert, je veux bien.

Il décolla de son séant et partit préparer deux verres d'un Volnay d'une dizaine d'années qui fleurait bon la myrtille et le bois de chêne. Il étala quelques croustillants et des cubes de comté et dit, assez fort en se rasseyant :

— À ta santé !

— À la tienne ! Ils burent lentement et Maddy le félicita pour ses goûts en matière de vin, qui ne l'avait jamais déçue.

— Au moins, je ne t'aurais pas déçu en tout, fit-il en souriant. Elle voulut rétorquer et s'excuser mais il lui prit la main.

— Pas de souci, nous ne sommes que tous les deux, on peut se parler tranquillement, c'est le principal.

Elle lui raconta un peu son quotidien depuis ces trois mois de nouveau célibat, rien n'avait vraiment changé, mais elle tentait de reprendre son fils en main, n'hésitant pas à sévir plus qu'à son habitude et lui payer des cours de soutien, afin d'éviter qu'il ne redouble une classe de collège. Elle tentait également de le confier plus souvent à son père, qu'il prenne un peu plus sérieusement ses responsabilités.

— Et toi, alors ? Raconte, j'ai appris que tu avais démissionné ? Tout se sait, même dans une grande ville !

Elle rit de bon cœur et il l'imita. Il lui parla donc de cet événement, de son amour pour la moto mais lui tut le fait qu'il avait déjà bien papillonné autour d'autres femmes, qu'il profitait bien de son célibat et qu'il ne regrettait aucune décision récente. Il se garda bien de lui avouer qu'aucune femme ne lui arrivait à la cheville et qu'il tentait en vain de revivre le même genre d'intensité physique et émotionnelle qu'il avait connue avec elle.

Il lui parla également des Rocks on Roads, comme il s'éclatait avec ses potes et la musique en général, une belle nouveauté pour lui.

— D'un mec smart et un peu trop sérieux, tu es devenu un rockeur !

— Oui, « devenu » ou alors je l'étais peut-être au fond de moi depuis longtemps. En tout cas, je m'éclate pas mal, on joue assez souvent avec le groupe et je suis en train de réfléchir à mon futur emploi. Je me formerai peut-être dans un autre domaine, je ne sais pas quoi encore… mais j'ai de quoi voir venir…

Ils conversèrent longtemps et burent quelques verres de plus, dans un naturel le plus profond, comme deux amis qui s'étaient quittés depuis trop longtemps. Maddy sentait qu'elle aurait pu lui demander de revenir avec elle, elle savait qu'il l'aimait et il lui manquait beaucoup. Mais certaines choses ont toujours du mal à sortir, même lorsqu'elles semblent primordiales, même si c'est exactement le moment, même si au fond rien n'est plus important, elles restent dans l'ombre, en espérant un éventuel report, une chance future de surgir enfin.

Elle pensa même qu'il allait la devancer et lui confirmer enfin ce qu'elle désirait entendre plus que tout, mais rien ne jaillit, aucune vérité, aucun désir inassouvi, aucune flamme à nouveau déclarée, tout cela resta hélas tapi dans l'ombre de leur cœur.

Au bout de plus de deux heures, Maddy se leva pour prendre congé, même si elle n'en avait pas vraiment envie, elle lui dit étrangement bonsoir et merci.

— Si tu veux revenir de temps en temps, tu seras la bienvenue.

— Ah ? Alors je reviendrai alors, pas de bol ! Ils rirent à nouveau et Maddy se retourna avec un petit signe de la main, mais après quelques pas sur le palier, elle fit volte-face sur ses talons hauts, toujours d'une élégance rare, vit que Byron n'avait pas fermé sa porte et l'entoura de ses bras menus. Ils restèrent enlacés une éternité, le temps de voir défiler dans leur tête des dizaines d'images passées ensemble, délaissant le négatif pour faire place aux instants de bonheur vécus à deux. Le silence était doux, les mains de Byron caressaient tendrement le dos de Maddy, laquelle se blottissait dans son cou, se gavant enfin de son parfum si charismatique qu'elle avait bu maintes fois et dont elle s'était enivrée pendant des années. Elle s'écarta, plongea ses yeux dans ceux de Byron, effleura ses lèvres avec les siennes et partit pour de bon.

***

Il enfourcha sa moto et partit avec quelques victuailles sur la colline qu'il aimait tant, une atmosphère de détachement se faisant ressentir alentour, comme si le monde était suspendu, comme si les hommes n'existaient plus que dans un rêve lointain, un lieu propice à l'introspection et parfois, lorsque très peu de gens s'y promenaient, à la méditation. Il laissa son bolide entre deux arbres, cadenassé, et monta le petit chemin qui menait au belvédère. Il s'accouda à la rambarde métallique, devant le plan de la ville peint sur un promontoire en béton, et s'amusa à retrouver les rues et les bâtiments qu'ils connaissaient plus de près que de si haut.

Tout en circulant par la pensée dans les rues et places qu'il voyait de si loin, il mangea le sandwich qu'il s'était préparé et sirota une bière artisanale fabriquée non loin d'ici par un ami pâtissier qui s'était depuis quelques années reconverti en brasseur de qualité. Il écouta ce mélange de silence incomplet et ce bruit de fond que l'on percevait assez si l'on tendait l'oreille à l'extérieur, une présence lointaine de vie, inlassable et régulière, et s'assit sur un banc de pierre. Il ferma les yeux et s'enivra de ce brouhaha discret et cotonneux, dû certainement aux moteurs de voitures, de scooters et de bus, mélangé à quelques dizaines d'équipements de chauffage et de machines ne cessant jamais leur éternel fonctionnement dans les quelques usines autour du centre.

Malgré ce constat assez brut, polluant et mécanique, cet effet sourd d'un maelström lointain presque endormi, somnolant, lui procurait un bien-être affolant, comme si l'humanité agonisait là en bas, et qu'il ne restait qu'une poignée de survivants, ralliant les collines et les hauteurs, afin de se préserver du mal qui envahissait le monde désormais, inéluctablement.

Il réalisait petit à petit, non sans une certaine philosophie, que la vie sans compromis à laquelle il aspirait tant ne fonctionnait que lorsqu'on vivait seul, du moins indépendamment des autres, sans avoir de choses à justifier, ni d'actes ou de mots à prouver. Constat un peu triste, sa vie risquait alors d'être envahie par une solitude longue et désespérée, saurait-il appréhender ce manque de relation sociale tout le reste de sa vie ? Pourrait-il se passer d'interactions avec ses semblables dorénavant ? Comment reprendre une vie de couple après cela ? Comment se faire de nouveaux amis, sans leur faire comprendre son point de vue sur cette vision assez égoïste des choses ?

***

Il échangeait souvent comme il se l'était promis quelques nouvelles par messages interposés avec Océane, qui, elle, continuait son emploi sans encombre, faisant fi de ses piètres collègues, avançait tranquillement dans la vie, ils promirent de se revoir un jour en vrai, devant un café, un verre ou un petit dîner amical.

Maddy lui rendit visite plusieurs fois les semaines qui suivirent, et l'un comme l'autre appréciaient beaucoup de parler et de rire à nouveau ensemble, en une amitié sans équivoque, proche d'une pureté de sentiments. Ils discutaient comme des amis de longue date et étonnamment parlaient librement de sujets qu'ils n'avaient jamais ou très peu abordés lors de leurs huit années de couple. La perte brusque des parents de Byron que Maddy n'avait hélas jamais connus et dont le vide laissé le faisait tant souffrir intérieurement, en silence. Ils parlèrent même d'enfants, alors qu'ils n'avaient que très peu perçu l'éventualité d'en avoir ensemble, Byron n'en ayant jamais éprouvé le besoin et Maddy ne désirant pas spécialement pouponner à nouveau. Ils auraient pu se décider pourtant, et c'est maintenant qu'ils le réalisaient.

Elle lui annonça également qu'elle se détournait de plus en plus de ses parents, qu'elle restait loin de son ex-mari, sauf pour Nathan et le bien-vivre de tous les trois. Elle vivait seule et avait l'air aussi heureuse que possible.

Un soir, il insista pour la garder à dîner. Il prépara un gratin de pommes de terre agrémenté d'épices et petits accompagnements dont il avait le secret et ils se régalèrent en silence, en se jetant des petits regards du coin des yeux.

— Tu as l'air en pleine forme, en tout cas, dit Byron. Belle comme tout. Il faut te remettre sur les rails des rencontres…

Elle lui sourit étrangement et laissa sortir quelques mots à mi-voix :

— Il faut déjà que je t'oublie un peu plus, ce qui n'est en soi pas une mince affaire.

Il soutint son regard, sourit gauchement, ne sachant pas si elle plaisantait. Elle renchérit :

— Tu ne te rends pas compte, ta trace dans ma vie est ancrée en moi, on ne se débarrasse pas de toi si facilement.

Cette phrase lui fit un effet tel qu'il lui prit la main et la baisa doucement :

— Je suis désolé, Maddy, désolé de tout ça… j'aurais dû ranger ma fierté et continuer de vivre normalement, sans vouloir imposer tous mes principes au monde entier.

— Ne sois pas désolé, tout le monde a le droit de changer et tu n'étais plus prêt à vivre ce que tu vivais à cet instant précis. Je l'ai enfin enregistré. C'est moi qui suis désolée, je ne t'ai pas assez compris. J'aurais dû…

— Tu n'aurais dû rien du tout, Maddy. C'est ainsi. On ne peut plus rien changer. Le principal est qu'on soit ici, à parler librement de tout, tous les deux.

— Oui, c'est bien, ça. C'est très bien. Elle sourit de la plus tendre des façons et se laissa aller à un câlin rapproché. Il caressait le dos de son ancien amour avec délicatesse et elle serrait les épaules fortes de Byron dans ses bras.

— Crois-tu que cela suffira à notre bonheur ? souffla-t-elle.

— C'est-à-dire ?

— Peut-être qu'un jour, l'un ou l'autre désirera à nouveau plus et ne se suffira plus d'une seule amitié ?

— Eh bien, on verra le moment voulu, on avisera… Il sourit aussi tendrement et lui avoua qu'il l'aimait toujours autant, que sur ce point rien n'avait changé en lui.

— Mais moi aussi, je t'aime, fit-elle, les larmes aux yeux.

— Je le sais, je le vois dans tes yeux.

Ils restèrent une éternité les yeux dans les yeux, à se dévisager comme s'ils se voyaient, s'appréciaient pour la première fois et gardèrent leurs mains agrippées ensemble. Il lui parla d'un projet de faire le tour de l'Europe à moto pendant quelques semaines, il désirait visiter des pays et des cultures inconnus pour lui, respirer l'air des montagnes autrichiennes, goûter aux victuailles de Pologne, de Hongrie, entendre les musiques des proches Balkans en Bulgarie et au Monténégro, partager quelques instants avec des Slovènes, et descendre peut-être en revenant à travers la République tchèque, s'attarder à Prague et s'imprégner de son architecture légendaire, pour revenir sur la Grèce et l'Italie.

— Tu y vas sans plan, à l'aventure ?

— Non, non, ne t'inquiète pas, j'ai déjà étudié des itinéraires, je sais à peu près dans quelles villes je vais m'arrêter, pour les nuits ce sera hôtels ou campings, ou du sauvage, je trancherai dans l'instant.

— Si tu le sens, il faut le faire… Mais avec prudence, tu ne prendras pas de risques inconsidérés…

— Ne t'inquiète pas, je te dis…

— Tu me le promets ?

— Oui, mon cœur, je te le promets… Pardon…

— Pardon ? de… ?

— Pour ce petit mot… c'est une réminiscence de nous avant.

— Ben oui, tu m'appelais toujours comme ça, ne t'excuse pas. Ça me plaît toujours autant…

Il s'approcha, hésita et ne voyant pas le visage de Maddy reculer, posa un tendre baiser sur ses lèvres. Elle l'accepta et y répondit avec une douceur égale. La chaleur de leur bouche leur provoqua d'étranges sensations intérieures, Maddy frissonna alors qu'elle bouillonnait dans tout son ventre, et Byron sentit une partie de lui se tendre à lui faire mal.

Maddy se leva pour partir vers minuit et ils restèrent encore à parler sur le seuil de la porte. Puis ses clés de voiture en main, elle serra Byron dans ses bras, en disant :

— Bon, je m'en vais maintenant, sinon je n'aurai pas envie de partir…

— Tu peux rester si tu ne veux pas conduire si tard. Je te prépare un petit lit propre et je prends le canapé.

— Byron, tu sais très bien que c'est trop risqué. Si je reste, je ne pense pas que chacun de nous reste seul longtemps dans sa couche.

— Ouh, dans sa couche, ça fait très vieux « Régime François », ma chère.

Elle rit à gorge déployée et lança en partant :

— On se revoit après ton escapade solitaire, hein ? Tu me tiens au courant de temps en temps ?

— Oui, je t'enverrai quelques textos et quelques photos…

— Super, profite bien alors.

Ils se lancèrent un baiser par la main et il resta à contempler cette femme superbe s'éloigner dans les escaliers, la grâce incarnée, d'une beauté atypique et unique. Il l'avait tant aimée cette beauté, ce corps si mince, si docile, si amoureux. Il regarda une dernière fois ses cheveux disparaître en bas et écouta les derniers pas de ses talons hauts s'estomper dans la nuit impalpable, le laissant à ses meilleurs souvenirs, une imperceptible nostalgie dans les yeux mais dénuée de regrets.

***

Quelques jours après, il but un café avec Océane au centre-ville, et comme à l'accoutumée, ils n'eurent aucun mal à parler de choses diverses, comme si Byron n'avait jamais quitté le travail et qu'ils s'étaient vus la veille comme d'habitude, alors que leur dernière entrevue datait de près de quatre mois. Ils apprécièrent ce moment et rirent beaucoup. Byron évita le sujet de l'usine et ne voulut rien savoir de ses anciens collègues. Elle le comprit inconsciemment et parla de son mari, de musique, de la vie et de certains projets qu'elle aimerait voir mûrir, comme une petite auto-entreprise dans la conception de cadeaux de mariage.

Elle le trouva en grande forme et encore plus beau que d'habitude, une nouvelle sérénité retrouvée peut-être dans les traits du visage et son allure plus décontractée, plus de cuir et moins de tweed. Il lui retourna le compliment en lui assurant qu'elle était toujours aussi jolie et tellement « classe ». Ils promirent de trouver un moment pour dîner ensemble après le grand périple de Byron. Elle lui demanda elle aussi d'être très prudent avec son bolide et avec tout ce qui l'attendait dans ces pays dont il ne connaissait ni les coutumes ni les façons de vivre.

Pendant les préparatifs pour sa grande aventure, Byron passa plusieurs fois à sa banque pour quelques mises au point administratives, s'assura qu'il avait bien assez d'économie pour entreprendre cette petite folie, et envoya une enveloppe à Maddy avec un petit mot et un double des clés de son appartement, au cas où un problème se présenterait. En prévision de potentiels soucis justement, il vida son réfrigérateur, coupa l'eau et l'électricité. Un beau matin de mai, il fit le tour de son deux-pièces, ferma les rideaux, s'assura qu'il n'avait rien oublié, toucha le canapé et la chaise sur lesquels, quelques jours auparavant, Maddy avait posé ses fesses qu'il adorait toujours autant regarder. Il vérifia que la cave était bien close et enfourcha sa moto, la fit vrombir et partit direction le Nord.

***

Maddy reçut l'enveloppe de Byron avec les clés de l'appartement en cas d'urgence ou de sinistre matériel. Elle parut flattée de la confiance qu'il lui donnait et ouvrit la petite lettre avec appréhension.

Chère toi, femme unique et superbe, qui comble mon cœur, même par ton absence,

J'ai oublié de te proposer les clés de chez moi l'autre soir, j'étais trop troublé par ta présence, j'espère que cela ne te fait rien de garder un œil dessus. Si tu veux, tu peux même l'occuper à ta guise, en journée ou la nuit. Les draps du lit sont propres, tu n'auras qu'à t'étendre si tu veux changer d'univers quelques jours. J'ai coupé l'électricité et le frigo est vide mais il reste des choses à grignoter dans les placards.

Tu ne pouvais pas me faire plus plaisir que de continuer à venir me voir. J'en garde un souvenir sans précédent et je ne garde de nous que les bons et très bons souvenirs. Prends soin de toi et dis bonjour à Nathan de ma part. Peut-être râlera-t-il encore une fois en entendant mon prénom ?

Je t'aime, Maddy, à n'en plus finir.

Byron

Une énorme bouffée de mélancolie l'envahit par surprise et les larmes tombèrent à flots de ses yeux clairs. « Quel beau parleur, celui-là », lança-t-elle au vide devant elle. Elle relut le mot vingt fois jusqu'à ce qu'elle n'ait plus de sanglots à faire surgir et embrassa le papier. Elle se dit qu'elle aurait pu rester chez lui l'autre soir et sans nul doute ils auraient fait l'amour intensément, mais leur couple n'avait-il besoin que d'une nuit pour redémarrer, ou lui fallait-il plus de réflexion ? Ou ce désir de repartir à zéro n'était-il qu'une belle utopie romantique ? Il lui manquait, c'était certain, mais serait-elle capable de vivre à nouveau avec lui, lui qui avait volontairement modifié sa façon d'être et de penser ?

Nathan rentra le soir et demanda à sa mère pourquoi elle avait l'air triste.

— Tu as le bonjour de Byron, il espère que tu vas bien.

— Et c'est pour ça que t'es triste, m'man ?

— Non, non, pas pour ça, je ne suis pas triste, je suis... nostalgique...

Tout n'avait pas toujours été rose entre les deux mecs, le grand et le petit, mais Nathan savait combien sa mère l'avait aimé et il sentait qu'il n'avait pas le droit de lui reprocher, elle avait été mille fois plus heureuse qu'avec son propre père.

Soudain, Nathan se lova dans les bras de Maddy, ce qu'il n'avait pas fait depuis ses huit ou neuf ans.

— Excuse-moi, m'man, j'ai pas toujours été sympa avec lui...

— Ce n'est rien, ne t'inquiète pas, c'était un tout, lui non plus n'a pas toujours été tendre avec toi, trop de choses sont entrées dans le jeu, ne culpabilise pas surtout.

— Un peu quand même...

— Non, surtout pas, mon ange, surtout pas. C'est comme ça, ce n'est la faute de personne.

L'adolescent se redressa, fit une bise sur la joue de sa mère.

— Tu l'aimes toujours, hein ?

Maddy retint in extremis l'émotion qui lui comprimait la poitrine et murmura :

— Oui, bien sûr, beaucoup plus que je ne le devrais.

— Et lui aussi, il t'aime...

— Oui, autant que moi je pense...

— Alors, où est le problème ? Vous êtes compliqués les adultes, parlez tous les deux et remettez-vous ensemble !

Maddy sourit devant l'incrédulité et surtout l'aplomb de son petit homme et répondit, un souffle dans la voix :

— Tu as raison, ce devrait être aussi simple, la vie.

Il partit en haussant les épaules et Maddy laissa couler les dernières larmes qui désiraient sortir à tout prix, coulant sur son visage intact et sans défaut. Elle rangea précieusement la lettre dans une petite boîte à bijoux et se servit un verre de Pinot noir, petite marque de leur vie commune récemment passée, salua dans le vide en pensant à son Anglais, au passé et un peu à l'avenir.

***

Byron débuta son aventure solitaire comme il l'avait prévue, la plus longue de toutes, et commença par traverser la Suisse de long en large plusieurs jours durant, s'enivrant de paysages de montagnes qui semblaient si purs et sans pollution humaine, une richesse dans cette nature exceptionnelle. Il atteignit Vienne, où il resta quelques jours pour visiter la ville, avant de sillonner les collines et montagnes du pays.

Il ne passa pas par la Pologne pourtant prévue initialement mais prit brusquement la direction de la Bulgarie où certaines de ses connaissances des réseaux sociaux l'avaient invité à passer du temps avec eux et désiraient lui faire visiter de beaux sites. Quel bonheur de pouvoir mettre une tête et une voix sur des personnes avec lesquelles il n'avait communiqué que par mail ! Il passa une belle semaine avec deux jeunes hommes bulgares, l'un musicien et l'autre motard, il ne s'en sentit donc pas dépaysé.

Après ce moment magique et unique, il envoya un grand texto et quelques photos à Maddy depuis la ville de Radomir, près de la capitale Sofia qu'il quittait à l'instant, pour lui résumer son bonheur et la rassurer. Il prit la route du Nord-Ouest et passa par Sarajevo et ses alentours. Un contact lui ayant fait faux bond, il ne passa donc qu'une nuit à l'hôtel et repartit le lendemain pour les plaines immenses du Monténégro et sillonna la côte Adriatique en remontant pendant plusieurs jours jusqu'à Rijeka, port d'assez grande importance de Croatie. Son périple ne manquait pas d'une certaine solidité d'informations, car Byron s'était immergé dans certaines émissions de télévision qui invitaient au voyage et à la découverte par des images uniques et la rencontre de bonnes et belles personnes.

Il se plut beaucoup à Rijeka, ville pleine d'histoire et pétrie d'un marasme culturel impressionnant. Il se lia d'amitié avec une guide de l'office du tourisme local, prénommée Romana, sexagénaire très énergique et heureuse de pouvoir partager son savoir avec un français – et moitié britannique – de passage dans sa ville. En quelques jours, il apprit que les anciens Celtes avaient vécu ici, ce furent même eux qui construisirent le site et certaines pierres montées de leurs propres mains tenaient encore debout de nos jours, jusqu'aux fondations de la grande forteresse. Le port servait plutôt d'envol touristique actuellement et d'activités maritimes ludiques, il n'était hélas pour l'authenticité pas rare d'apercevoir d'énormes navires de croisière accoster et faire halte dans les villas et hôtels luxueux de la région.

Il en sortit transformé et totalement dérouté par la fausse idée qu'il avait du pays, la faute aux médias qui diffusent toujours ce qu'ils veulent sur n'importe quoi, donnant souvent de fausses images de personnes, de pays ou de cultures. La ville était riche, les habitants souriants et beaux, les activités culturelles semblaient innombrables et la gastronomie n'avait rien à envier à celle pourtant réputée de France.

***

Puis il rentra dans les terres, fit la connaissance de certains travailleurs agricoles dans des petits villages superbes mais pauvres cette fois, repartit vers la mer qui l'attirait de plus en plus, et tomba en émoi devant Trieste, port d'Italie grandiloquent doté de pléthore de vestiges, rescapés de la Rome antique dans l'architecture intra-muros. Il s'enivra des sorties en mer avec les pêcheurs locaux et abandonna sa moto quelque temps pour partir au large dès l'aube avec de jeunes loups de mer, fils, petit-fils et arrière-petit-fils de pêcheurs avant eux. Il mit un point d'honneur à participer à la vente de leurs produits sur les marchés matinaux et au bout de seulement deux semaines, il discutait sans trop de mal avec les clients habituels dans leur langue maternelle.

La vie sur la mer devint une révélation pour Byron, lui, qui n'était jamais monté sur une coque flottante autre que sur un ferry, réalisa toutes les sensations et les émotions qu'on pouvait ressentir à mesure que le large s'offrait à l'esprit. Il se rendit compte de ce que signifiait réellement le terme liberté, même si les excursions avaient toujours un but professionnel et n'étaient sincèrement jamais de tout repos. Cet état de ressentir son être tout entier sans se préoccuper des autres ni de rien d'autre que ce pour quoi il était à l'ouvrage à ce moment présent le portait dans une sorte de plénitude méditative qu'il n'avait jamais connue au plus profond de lui. La mer et son infini, son horizon dont le terme reste invisible quoi que l'on fasse et d'où que l'on observe, son bord du monde là où au Moyen-Âge les hommes croyaient réellement que le vide succédait à ces immensités plates, langoureuses et huileuses.

Le temps ne comptait plus et il ne sut exactement combien de temps il resta dans ce port pittoresque et digne d'un immense respect. Trois semaines ? Un mois ? Plus ? Ce fut hélas un déchirement que de quitter ses nouveaux compagnons de pêche et de liberté de mouvement et de pensée. Il promit aux gars et aux serveuses du café du Port où il commençait à avoir ses habitudes qu'il reviendrait un jour renouer avec leur quotidien et leur existence presque intime, en espérant que cette promesse n'avait que de grande chance d'être tenue.

En quittant cette majestueuse cité, Byron réfléchit longuement un soir, assis sur une longue digue qui pointait vers le large, en direction presque exacte de Venise, sur la côte lointaine et invisible à l'œil nu. Tentant aussi fort qu'il put d'oublier les incessants papillons qui s'en donnaient à cœur joie autour de ses yeux, il se remémora quelques passages de sa vie, et surtout en imagina d'autres. Comment revenir maintenant ? Comment retourner dans un semblant de normalité en France et recommencer à chercher du travail insipide et insensé, à se remettre à séduire des femmes, et à nouveau réfléchir à son avenir, encore et toujours… Le présent est si fugace qu'il est un don précieux qui nous file entre les mains, à chaque seconde de notre existence, et nous ne pouvons pas attraper la moindre de ses ondes, ne serait-ce que pour la ralentir.

Vivre sans compromis était finalement impossible, son idéal de vie, son désir de construire autre chose pour son bien-être ultime partait en lambeaux, il le réalisait maintenant, mais comment retourner à ses comportements d'avant ? Aurait-il le courage et l'envie de le faire ? Après tout ce périple vivifiant et totalement libérateur de ses frustrations, ce voyage, ces gens rencontrés, ces villes aux passés chargés et aux mémoires toujours vives et intenses, il ne se voyait pas reprendre une vie classique, avec une autre femme, un travail lambda alimentaire, et peu de concerts avec son groupe, il aurait certainement manqué d'air, il aurait suffoqué à nouveau dans une autre réalité qui deviendrait un jour ou l'autre une éternelle routine. Il était trop tard pour faire mieux, il ne pourrait faire mieux, avec quiconque…

Alors, rester ici, dans l'une de ses contrées, une de ces villes majestueuses dont il tombait amoureux à chaque découverte. Rester ici, en Italie, ou retourner dans le Monténégro sauvage et merveilleux, s'installer quelque part au bord de la mer, se faire une petite place parmi les locaux… et recommencer à vivre… revenir à la terre, cultiver des légumes, partir en mer avec les pêcheurs artisans, préparer des plats traditionnels, tomber amoureux dans un espace immense et isolé, fonder enfin une petite famille, à l'abri du monde fou et furieux, apprendre à élever du bétail, à vendre les produits de son labeur… de manière rétrograde diraient certains… peut-être, mais si c'était cela la recette de son bonheur futur ?

Fort de ses pensées à la fois obscures et lumineuses, et surtout pleines d'indécision, il enfourcha une nouvelle fois sa fidèle Harley, qui commençait à peiner sur certaines routes abruptes et rurales et se dirigea tout droit vers les Alpes suisses, par le versant qu'il n'avait pas encore exploré lors de son départ il y a des mois, pensant atteindre quelques monts austères et rencontrer de vrais bergers encore en activité avec qui il pourrait peut-être partager à nouveau un moment de vie sincère et véritable.

***

C'est à ce moment même où le peu de gens au courant de ce qu'il avait entrepris commencèrent à s'inquiéter, car il ne donna soudain plus aucun signe de vie. Maddy recevait régulièrement deux ou trois textos par semaine accompagnés de photos ou de vidéos des lieux qu'il traversait et où il demeurait parfois, avec selfie ou non, un brin de poésie accompagnant les paysages. Sur la fin du mois d'août, lorsqu'elle entama la deuxième semaine sans nouvelle ni réponse à ses propres textos et appels, elle décida d'alerter les autorités, en espérant ne pas empiéter sur la liberté de mouvement de Byron, sur son désir de solitude et de grands espaces, mais pétrie d'angoisse et de terreur en imaginant le pire. Police, gendarmerie, ambassade d'Italie et de Suisse, tout se mit en branle à sa recherche, là où il devait se trouver lorsqu'il avait envoyé le dernier message téléphonique à Maddy, entre le nord du Piémont et la Vallée d'Aoste.

Après quelques jours de recherches intenses entre les différents services et administrations, une Harley Davidson couleur bordeaux et argent du même type que celle de Byron fut trouvée totalement calcinée en plusieurs morceaux au bas d'une falaise de plus de cent cinquante mètres de profondeur, le long d'une route aux abords du parc national du Stelvio, à quelques kilomètres de la frontière suisse italienne. Le relief escarpé et rassemblant nombre de cols, de vallées et de chemins à même la roche ne se parcourait pas facilement et le moindre faux pas ou la moindre seconde d'inattention pouvait être fatal à tous les conducteurs, motards aguerris ou randonneurs expérimentés qui empruntaient parfois ces voies.

Quelques heures supplémentaires d'angoisse mêlée d'espoir, et Maddy, étant la personne la plus proche de Byron, répondit à l'appel de la Gendarmerie ayant reçu le dossier des carabiniers de la région, qui avaient découvert non loin de l'épave les habits et le corps d'un homme dans un état accidenté sévère auquel il manquait des parties, certainement fragilisé par la chute vertigineuse et ayant servi de repas à la faune environnante très dense. Ils avaient prélevé des échantillons d'ADN sur les tissus, le visage n'était hélas pas identifiable, le crâne ayant explosé à l'impact des rochers, et demandaient à l'ex-compagne de Byron si elle pouvait leur trouver quelques-uns de ses cheveux laissés sur une brosse ou quelques poils sur des draps ou dans sa salle de bain. Elle n'eut pas le temps de raccrocher qu'elle vomit sur son téléphone portable et sur sa table de salon, en hurlant telle une démente, comme si c'était elle-même qu'on était en train de tuer…

***

Deux jours plus tard, le corps de Byron, du moins ce qui avait pu en être reconstitué, fut rapatrié en France. Les services funéraires firent de leur mieux pour rendre le corps présentable, mais les tissus étant trop endommagés et certaines articulations impossibles à reconstruire, il fut alors décidé de sceller le cercueil, que personne ne le voie dans cet état de délabrement. Maddy vécut un enfer pendant cette période car elle gardait toujours l'espoir que ce ne soit pas lui, malgré l'identification de sa moto et de son propre casque, elle ne mangea que très peu et ne dormit pratiquement pas. Les analyses ADN confirmèrent, hélas, l'horreur redoutée, par l'étude de tissus corporels comparés à quelques cheveux que Maddy avait trouvés sur une brosse que Byron avait laissée dans sa salle de bain et dont elle ne s'était jamais séparée.

Une obsession la hantait, heure après heure, jour après jour, une question lui minait le moral. Elle ne pouvait s'empêcher de retourner cette incertitude dans tous les sens. Elle se remémorait chaque phrase précise qu'il avait prononcée dernièrement, elle relut même mille fois ses textos et sa lettre, pour tenter de percevoir un indice qui la mènerait à une autre conclusion : et si ce n'était pas un accident ? Se pourrait-il qu'il se fût donné la mort intentionnellement ? Se serait-il rendu compte que sa vie ne lui plaisait plus, et qu'il ne pourrait décemment pas continuer à se comporter comme il l'avait décidé en début d'année dernière ? Avait-il franchi un seuil de non-retour, de désespoir tel qu'il ne voyait plus l'horizon au bout de son chemin personnel ? En était-il à ce point culminant de lassitude ? Son escapade solitaire avait-elle été l'apogée de sa souffrance, alors qu'elle aurait dû le sauver de ses idées les plus noires et lui redonner une seconde vie, une énergie toute nouvelle ?

Le site ne laissait pas de doute quant à la thèse de l'accident, Byron n'étant pas le premier aventurier à avoir succombé aux mortelles conditions des lieux, c'était le plus plausible au vu du relief très dangereux du lieu, mais il s'avérait que c'était justement le meilleur endroit pour qu'on puisse penser à l'accident. L'enterrement approchait et cette idée s'évanouit petit à petit des pensées de Maddy, il lui fallait se préparer mentalement pour cette nouvelle souffrance à venir, la pire douleur qu'elle eût à ressentir de sa vie entière.

***

La cérémonie fut brève et intense en émotion. Furent présents beaucoup de monde pour rendre un dernier hommage à Byron. Maddy en fut profondément heureuse, cela prouvait qu'il était apprécié et qu'il serait regretté, il n'aurait certainement jamais pensé que tant de monde l'aimât ou même le connût. Se trouvaient de lointains membres de sa famille, même les oncles et les cousins qu'il s'était forcé à aller voir pour prendre de leurs nouvelles avant de partir au loin, Nathan et les parents de Maddy, plus attristés par le chagrin de leur fille que par la disparition de Byron. Plus de la moitié de ses anciens collègues s'étaient également déplacés, ses musiciens et leurs femmes et enfants, quelques motards qu'il connaissait par certaines récentes virées et beaucoup d'anonymes, des commerçants de son quartier et du quartier de Maddy, quelques voisins et d'autres musiciens qu'il avait connus il y a bien longtemps.

Lors du passage de chaque personne devant le cercueil avant la crémation, Maddy ne se sentit pas la force de regarder tous les visages et leurs pleurs, mais lorsqu'une petite brune, tout de noir vêtue, s'approcha et toucha le bois verni couvert de fleurs, elle sut instinctivement qui elle était. Elle était tenue par la main d'une autre femme, plus jeune et plus grande, qui se nommait Cheryl et qui avait bien du mal à réaliser ce cauchemar et Benjamin, l'ancien manager de

Byron, suivait derrière et peinait également à cacher ses larmes sous ses lunettes noires.

Beaucoup quittèrent le funérarium juste après en dodelinant de la tête mais une dizaine de personnes restèrent encore devant le cercueil, soit pour garder cet homme en pensée encore vivace, soit pour prier pour le salut de son âme, jusqu'à ce qu'on l'emmène sur le bûcher moderne.

Maddy se dirigea vers la jolie petite brune qui, malgré son chagrin, gardait une classe indéniable, et se permit de lui parler :

— Pardon, je suis désolée de vous importuner, vous êtes Océane ?

— Oui, et vous êtes Maddy ?

Elles se fixèrent intensément comme si elles se retrouvaient par leur aura, leur âme après une éternité d'absence et elles s'enlacèrent longuement, en pleurant l'une sur l'épaule de l'autre. Nathan regardait sa mère et ne pouvait retenir ses larmes, autant à cause du chagrin qu'elle ressentait que par la perte de Byron, qu'il avait tout de même beaucoup apprécié pendant ses dernières années d'enfance.

Les deux femmes parlèrent quelques minutes, Cheryl se joignit à elles, enlaça légèrement Maddy avec un sourire de compassion et Océane apprit que Byron parlait souvent d'elle lorsqu'il revenait de ses journées de travail, qu'il l'appréciait beaucoup et qu'elle avait été un garde-fou pendant tous ces moments compliqués moralement pour lui. Océane prit la main de Maddy et celle-ci lui dit, entre deux sanglots :

— Quand je pense à tout ce qu'il vient de vivre, à traverser autant de villes, de pays, à rencontrer tant de gens, à se forger des souvenirs pour la vie et qu'il n'en profitera jamais…

— Au moins, il aura vécu tout cela pour lui, répondit Océane, décomposée. Il vous aimait plus que tout, Maddy, vous savez, même après votre séparation.

— Merci, je le sais, il vous aimait aussi…

Leurs yeux restèrent les uns dans les autres, elles s'embrassèrent et s'enlacèrent à nouveau en se souhaitant bon courage pour les jours à venir. Maddy avait un profond désir de lui parler de la suspicion de suicide mais elle réfréna sa pensée, ne désirant pas perturber encore plus son souvenir. Après tout, s'il avait choisi de mourir ainsi, c'est qu'il pensait qu'il avait tout tenté de faire dans cette vie, et que le reste n'était plus possible à imaginer.

Personne ne put assister à la crémation et l'urne fut déposée ensuite dans un petit caveau, dans le cimetière même de cette ville où il avait vécu toute sa vie d'homme depuis sa première année d'université, c'est-à-dire vingt-deux années exactement.

En fin d'après-midi, Maddy laissa Nathan aux mains de ses parents qui avaient pris une chambre dans un hôtel pour quelques jours, en vue de supporter moralement leur fille, prit les clés qu'elle avait gardé sur elle depuis qu'elle avait reçu la lettre et partit s'enfermer quelques heures dans l'appartement de Byron, histoire de tenter de retrouver une dernière fois l'ombre de sa présence, des odeurs de cuir et de tabac froid, un parfum, perdus à jamais.

Elle ne toucha à rien, s'affala sur le lit, pleura encore un peu en voyant quelques objets qu'elle connaissait bien, dont un radio-réveil, cabossé sur le côté par un jet violent de Byron un matin où il ne voulait pas se lever – avaient-ils ri au réveil ce jour-là –, et une petite lampe de bureau qui trônait fièrement dans l'appartement de Maddy, dans le bureau personnel qu'il avait installé, pour écrire quelques lignes parfois ou écouter de la musique, seul, un casque sur les oreilles, lors de nuits d'insomnie ou de stress. Elle finit par s'endormir sans s'en rendre compte, épuisée, attristée, un T-shirt de son compagnon disparu entre ses doigts crispés.

***

Maddy reçut le lendemain une convocation du notaire, en vue de la lecture du testament de Byron. Mon Dieu, il avait eu la présence d'esprit et le temps de rédiger un testament ! Le doute ressenti auparavant n'était donc plus une folle réflexion, Maddy repensa à nouveau à ses improbables idées concernant un potentiel suicide, vu que tout semblait préparé en prévision de son proche décès. Mais peut-être avait-il juste été prudent concernant le danger possible de ses escapades, au cas où il lui arriverait un malheur… Elle apprit par la suite que ses comptes bancaires allaient être vidés et partagés entre plusieurs personnes et associations, ce qui se dévoilerait par ses dernières volontés.

Elle fut la seule convoquée, comme il était stipulé dans l'écrit, et écouta attentivement les doléances du disparu. Il léguait la plupart de ses biens à Maddy, ainsi qu'une grosse part de ses économies – à elle d'en faire ce qu'elle désirait, aucune contrainte sur ce point –, il offrait quelques petites choses assez précieuses à Océane et le reste de son argent partait pour la recherche médicale et trois associations pour le bien-être des animaux. Maddy pouvait avoir l'usage légal de son petit appartement, qu'elle pouvait continuer à louer à loisir pour elle, ou le laisser à d'autres et clôturer le bail. Elle avait le droit de le vider et garder ce qu'elle pourrait y trouver ou vendre le tout.

Décontenancée par la froideur de l'expérience inédite de cette lecture, elle repartit pour ce fameux logement et resta l'après-midi et une partie de la soirée à faire les cent pas, osant découvrir quelques tiroirs et ayant l'horrible impression de violer l'intimité de l'amour de sa vie. Elle remarqua l'absence de télévision et d'ordinateur, et fut impressionnée par la quantité de livres présents dans plusieurs petites bibliothèques. Elle trouva dans une petite commode chic, amenée d'Angleterre des lustres auparavant et qui lui venait de ses parents, des écrits tels des débuts de poèmes ou de nouvelles, et deux romans entiers, un qui semblait décrire une fresque historique sur une période Renaissance en Italie et l'autre un peu plus intimiste, orné de beaucoup de photos de paysages, qui narrait des répétitions de musique, voire de beuverie et parlait de Maddy elle-même, des dizaines de chansons inachevées, des textes épars et des feuilles de partitions tâchées par du café ou du vin… Elle ne savait même pas qu'il écrivait si bien, qu'il savait également écrire la musique sur portée, et qu'il créait des chansons ; après quelques renseignements les jours suivants, ses musiciens ne s'en doutaient pas non plus.

— Byron, Byron, se dit-elle à elle-même, se surprenant à ne pas lâcher la lecture du début d'un de ses romans… Tu étais plein de secrets, et je pense que d'autres resteront bien gardés, à jamais… j'espère que tu as été heureux la plupart du temps… Moi oui, avec toi…

Elle réfuta les dernières semaines de leur couple de devant ses yeux d'un revers de main, descendit à la cave et revint avec un Chassagne-Montrachet de dix ans d'âge, ferma la porte à clé, se servit un grand verre du divin breuvage, s'enivra déjà d'une large gorgée dotée de parfums épicés et fruités, se déshabilla et entra nue sous les draps blancs et propres, que Byron avait changés exprès, au cas où elle eut envie de se prélasser ici, alors que lui parcourait les routes de l'Est de l'Europe depuis des semaines…

Quelle ironie du sort, elle n'en aurait profité qu'une seule fois, par manque d'envie, de temps ou d'occasion, alors elle se glissa au fond du lit, et s'immergea avec passion dans la lecture du manuscrit, ne sachant pas si elle garderait ce secret pour elle ou si elle divulguerait son talent aux yeux de tous, de manière posthume. Pour le moment, elle se mit dans la peau d'une marquise un peu loufoque décrite dans le roman de Byron et se laissa aller à l'histoire qui l'attendait, un sourire ému aux lèvres… et quelques larmes qui n'osaient plus couler au coin de ses yeux…

Imprimé en Allemagne
Achevé d'imprimer en octobre 2023
Dépôt légal : octobre 2023

Pour

Le Lys Bleu Éditions
40, rue du Louvre
75001 Paris

www.ingramcontent.com/pod-product-compliance
Lightning Source LLC
Chambersburg PA
CBHW062344010826
49168CB00024B/246

9791042209155